사진으로 보는
인 도

수많은 이야기가 숨겨진 인도의 건축

오랜 시간이 흘러도 변하지 않는 사랑, 힌두교와 이슬람교의 충돌, 식민지 시대의 아픔 등
인도의 건축에는 흥미로운 이야기들이 가득해.

● **1 타지마할 2 타지마할의 입구** 무굴 제국의 5대 황제 샤자한이 왕비인 뭄타즈마할의 무덤으로 지은 사원이야. 순백의 대리석으로 지어 태양의 각도에 따라 다양한 빛깔로 보인대. ● **3 타지마할의 무늬** 홈을 판 뒤 그곳에 다른 색의 대리석이나 보석 등을 박아 넣어 만들었어. ● **4 후마윤 묘** 무굴 제국의 2대 황제 후마윤을 기리기 위해 페르시아 출신 왕비 허지가 지었어. ● **5 6 쿠트브 미나르 유적군** 술탄 쿠트브가 세운 미나르(탑)가 있는 유적이야. 특히 이곳에 있는 쇠기둥은 4세기경에 만들어졌는데 지금까지도 녹슬지 않았어. ● **7 빅토리아 메모리얼** 영국이 빅토리아 여왕을 추모하기 위해 콜카타에 세웠어. 타지마할보다 더 멋지게 짓는 게 목표였지만 건축미가 타지마할보다 떨어진다는 평가를 받고 있지.

● **1 아르티푸자** 매일 해질 무렵 행하는 힌두교의 종교 의식으로 강의 여신에게 바치는 제사야. 사제들이 불을 들고 춤을 추지. ● **2 바라나시** 세계에서 가장 오래된 도시 중의 하나로 힌두교의 가장 중요한 성지야. ● **3 화장장** 힌두교도들은 화장돼서 바라나시의 갠지스강에 뿌려지면 고통스러운 이 세상에 다시 태어나지 않는 해탈의 경지에 이른다고 믿어. ● **4 가트** 갠지스강에 잘 접근할 수 있도록 만든 계단이야. 갠지스강 주변에는 수많은 가트가 있어. ● **5 강고트리** 갠지스강의 발원지야. 히말라야 산맥 속에 있는 강고트리 빙하에서 갠지스강이 시작되지. ● **6 바라나시의 갠지스강**

인도 사람들의 영혼이 안식하는 곳,
갠지스강

힌두교에서 가장 성스럽게 여기는 강으로 인도의 힌두교도들은 갠지스강에서 목욕을 하면 영혼이 깨끗해진다고 믿는대.

화려한 유산을 남긴 인도의 거대 왕조

인도 땅에서는 수천 년의 세월 동안 힌두 왕조, 이슬람 왕조 등 수많은 왕조들이 흥망성쇠를 거듭했어.
그 왕조들의 흔적을 따라가 볼까?

● 1 암베르 성 무굴 제국의 악바르 황제와 혼인 동맹을 맺은 라지푸타나의 바르말 왕(마하라자 만싱)이 지은 성이야. 이슬람교와 힌두교 건축 양식이 조화를 이루었지. ● 2 잘마할 암베르 성 근처에 있는 궁전으로 여름의 더위를 피하기 위해 호수 위에 지어졌어. ● 3 4 아그라 성 무굴 제국의 3대 황제 악바르가 성으로 지었고 그의 손자 사쟈한이 궁전으로 바꿨어. 사쟈한은 아들의 반란으로 말년에 아그라 궁에 갇혀서 타지마할을 바라보며 지냈다고 해. ● 5 마이소르 궁 남인도 마이소르 왕국의 우데야르 왕조가 사용하던 궁전으로 아름답고 화려해.

● **1 시티 팰리스 2 하와마할** 마하라자 만싱의 후손들이 지은 궁전들로 자이푸르 시내에 있어. 시티 팰리스에는 아직도 왕족이 살고 있지. 하와마할의 창문은 무려 1,000여 개야.
● **3 핑크 시티 자이푸르** 20세기 초에 영국의 왕세자인 에드워드 7세의 방문을 환영하기 위해 모든 건물 벽을 핑크색으로 칠했대. ● **4 블루 시티 조드푸르 5 화이트 시티 우다이푸르 6 골드 시티 자이살메르** 예전에 라지푸타나의 왕국들이었던 도시들로 각각 자신만의 색깔을 가졌어. ● **7 함피** 남인도 비자야나가르 왕조의 수도였던 곳으로 거대 힌두 왕국의 유적이 남아 있어.

신들의 땅, 인도의 종교

인도에는 이슬람교, 불교, 자이나교, 시크교 등 다양한 종교의 유적들이 남아 있지만
뭐니 뭐니 해도 인도 최대의 종교는 힌두교야.

● **1 엘로라 석굴** 아우랑가바드에 있는 34개의 석굴 사원으로 불교, 힌두교, 자이나교 사원을 모두 볼 수 있어. ● **2 마하보디 사원** 석가모니가 처음 깨달음을 얻은 곳에 세워진 불교 사원이야. ● **3 사르나트** 석가모니가 처음으로 불법을 전한 곳이래. ● **4 황금 사원** 암리차르에 있는 사원으로 시크교의 가장 신성한 유적이야. ● **5 델리 자마 마스지드** 무굴 제국의 5대 황제 샤자한이 지은 인도 최대의 이슬람 사원으로 한 번에 2만 5천 명이 들어갈 수 있대. ● **6 카주라호의 힌두교 사원** 카주라호는 10~13세기에 지어진 힌두교 사원들이 많이 남아 있는 곳이야. 사원의 외벽에 새겨진 수많은 조각상들로 유명해.

특이하고 매혹적인 인도의 문화

인도는 세계 4대 문명 가운데 인더스 문명이 발생한 곳으로 유구한 역사만큼 다양하고 독특한 문화를 지니고 있어.

● 1 길거리의 소 힌두교에서는 소를 신성하게 여겨. 거리에서는 사람이나 자동차보다도 소가 먼저지. ● 2 오토릭샤 바퀴가 3개인 오토바이 택시로 인도에서 흔하게 볼 수 있는 교통수단이야. ● 3 도비왈라 빨래가 평생 직업인 사람들. 인도에 아직 비공식적으로 남아 있는 카스트 제도 안에서 천민으로 여겨져. ● 4 거리의 이발사 5 몸무게 재 주는 사람 인도의 길거리에서는 다양한 직업을 가진 사람들을 볼 수 있어. ● 6 향신료 인도 음식에는 다양한 향신료가 쓰이지. ● 7 코브라 조련사 힌두교에서는 독사를 신성한 존재로 여겨서 코브라가 나타나면 죽이는 대신 조련사가 데리고 가도록 했어. ● 8 전통 의복, 사리 사리는 바느질을 하지 않은 긴 천을 몸에 두르는 방식으로 입는 여성의 옷이야. ● 9 요가 힌두교의 수행 방법이었지만 현대에 와서는 운동법으로 각광받고 있어.

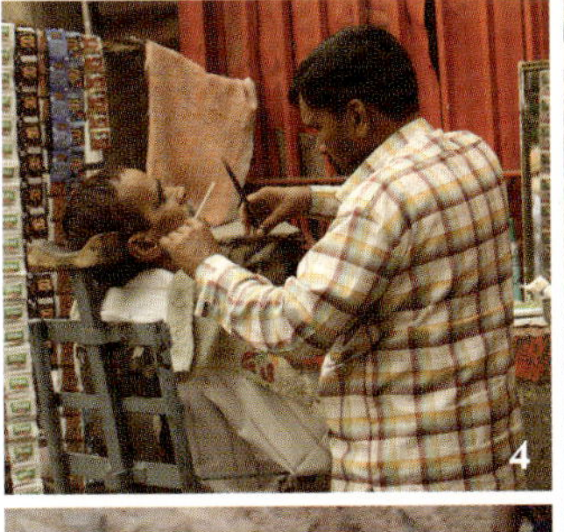

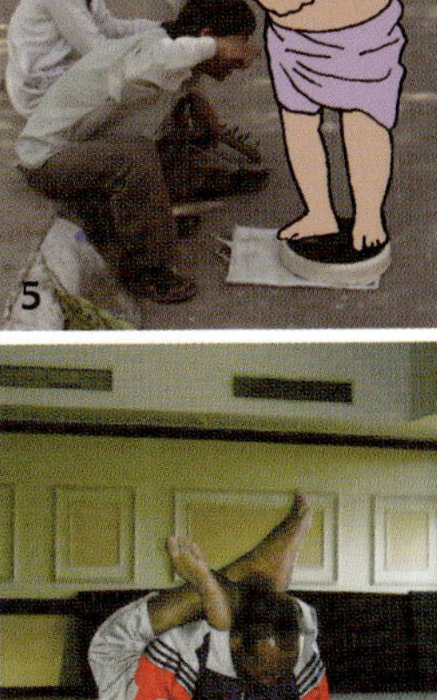

사진제공

썸바디, 정나래, 하나비, 정진권, 국금희,
김옥지, 김광섭, 안휘석, 위키피디아

노빈손의 샨티샨티 인도 견문록

노빈손의 샨티샨티 인도 견문록

초판 1쇄 펴냄 2012년 8월 30일
초판 4쇄 펴냄 2016년 8월 18일

지은이 김솔아
일러스트 이우일
펴낸이 고영은 박미숙

펴낸곳 뜨인돌출판(주) ㅣ 출판등록 1994.10.11(제406-2011-000185호)
주소 10881 경기도 파주시 회동길 337-9
홈페이지 www.ddstone.com ㅣ 노빈손 www.nobinson.com
대표전화 02-337-5252 ㅣ 팩스 031-947-5868

ⓒ 2012 김솔아, 이우일
'노빈손'은 뜨인돌출판(주)의 등록상표입니다.

ISBN 978-89-5807-392-5 03910
(CIP제어번호 : CIP2012003757)

어린이제품안전특별법에 의한 제품표시	
제조자명 뜨인돌 **제조국명** 대한민국 **사용연령** 10세 이상 어린이 청소년 제품	**전화번호** 02-337-5252 **주소** 경기도 파주시 회동길 337-9

노빈손의 샨티샨티 인도 견문록

김솔아 지음 **이우일** 일러스트

뜨인돌

향신료보다 짜릿하고 황금빛보다도 찬란한 인도의 매력을 찾아서

알렉산더, 현장법사, 혜초, 마르코 폴로, 비틀즈.

위 사람들의 공통점은? 모두 '인도'를 향해 떠난 사람들이야. 문명의 발상지이자 많은 종교가 생겨난 인도를 사람들은 황금과 향신료의 나라, 그리고 삶의 진리와 영혼의 휴양이 있는 나라로 바라봤어. 그래서 정복자인 알렉산더도, 혜초·현장법사를 비롯한 승려도, 탐험가인 마르코 폴로도, 또 평화를 노래한 비틀즈도 마음속의 이상향을 좇아 인도로 왔단다.

우리의 모험왕 노빈손도 꿈의 나라 인도를 지나칠 수 없지.

'인도' 하면 제일 먼저 떠오르는 새하얀 타지마할은 언제 지어졌을까? 바로 16~19세기 인도를 다스린 이슬람 왕조, 무굴 제국 때 세워졌어. 무굴 제국은 인도 땅에서 역사상 제일 강성하고 부유한 나라였고 특색 있는 문화를 꽃피웠단다.

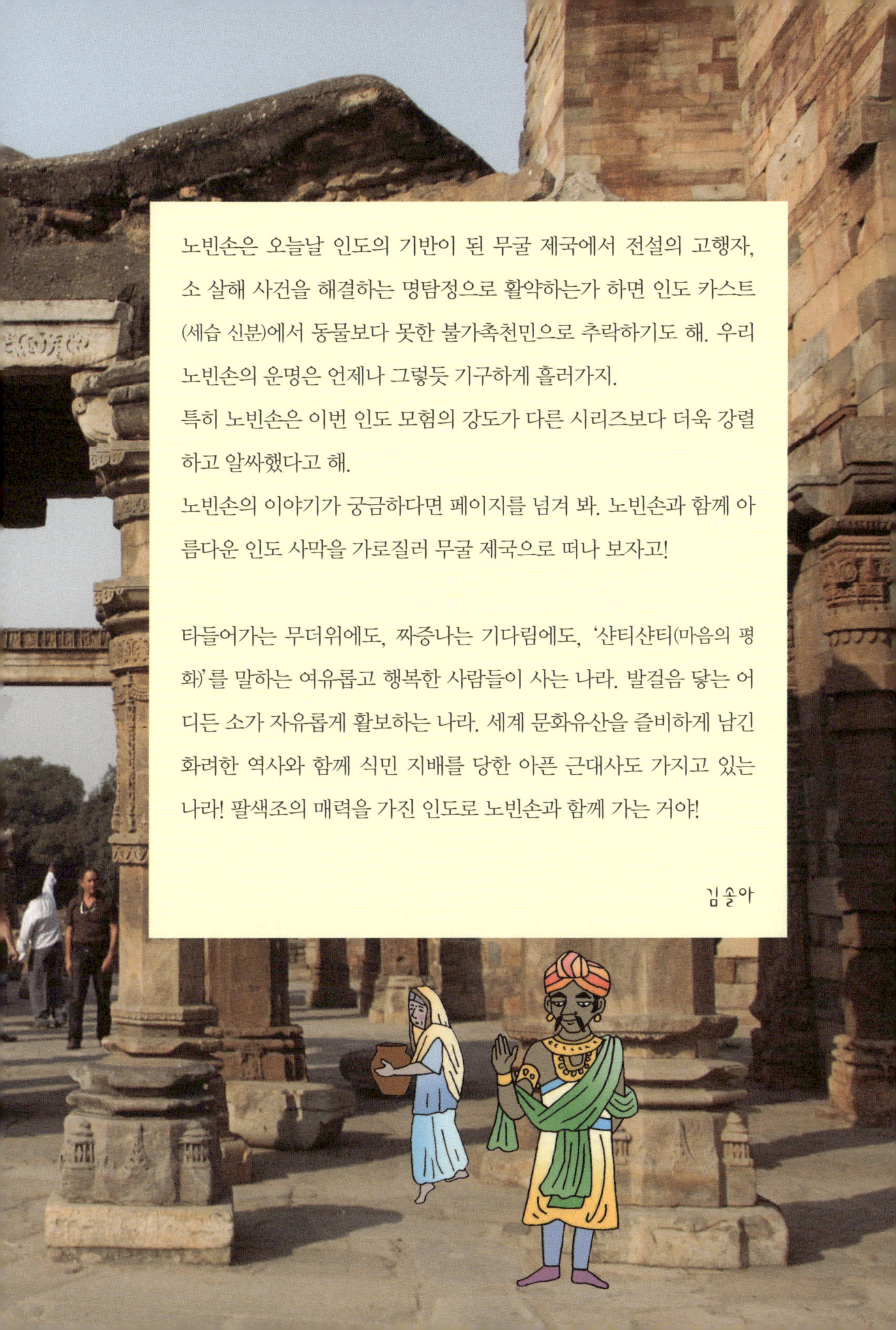

노빈손은 오늘날 인도의 기반이 된 무굴 제국에서 전설의 고행자, 소 살해 사건을 해결하는 명탐정으로 활약하는가 하면 인도 카스트(세습 신분)에서 동물보다 못한 불가촉천민으로 추락하기도 해. 우리 노빈손의 운명은 언제나 그렇듯 기구하게 흘러가지.

특히 노빈손은 이번 인도 모험의 강도가 다른 시리즈보다 더욱 강렬하고 알싸했다고 해.

노빈손의 이야기가 궁금하다면 페이지를 넘겨 봐. 노빈손과 함께 아름다운 인도 사막을 가로질러 무굴 제국으로 떠나 보자고!

타들어가는 무더위에도, 짜증나는 기다림에도, '샨티샨티(마음의 평화)'를 말하는 여유롭고 행복한 사람들이 사는 나라. 발걸음 닿는 어디든 소가 자유롭게 활보하는 나라. 세계 문화유산을 즐비하게 남긴 화려한 역사와 함께 식민 지배를 당한 아픈 근대사도 가지고 있는 나라! 팔색조의 매력을 가진 인도로 노빈손과 함께 가는 거야!

김솔아

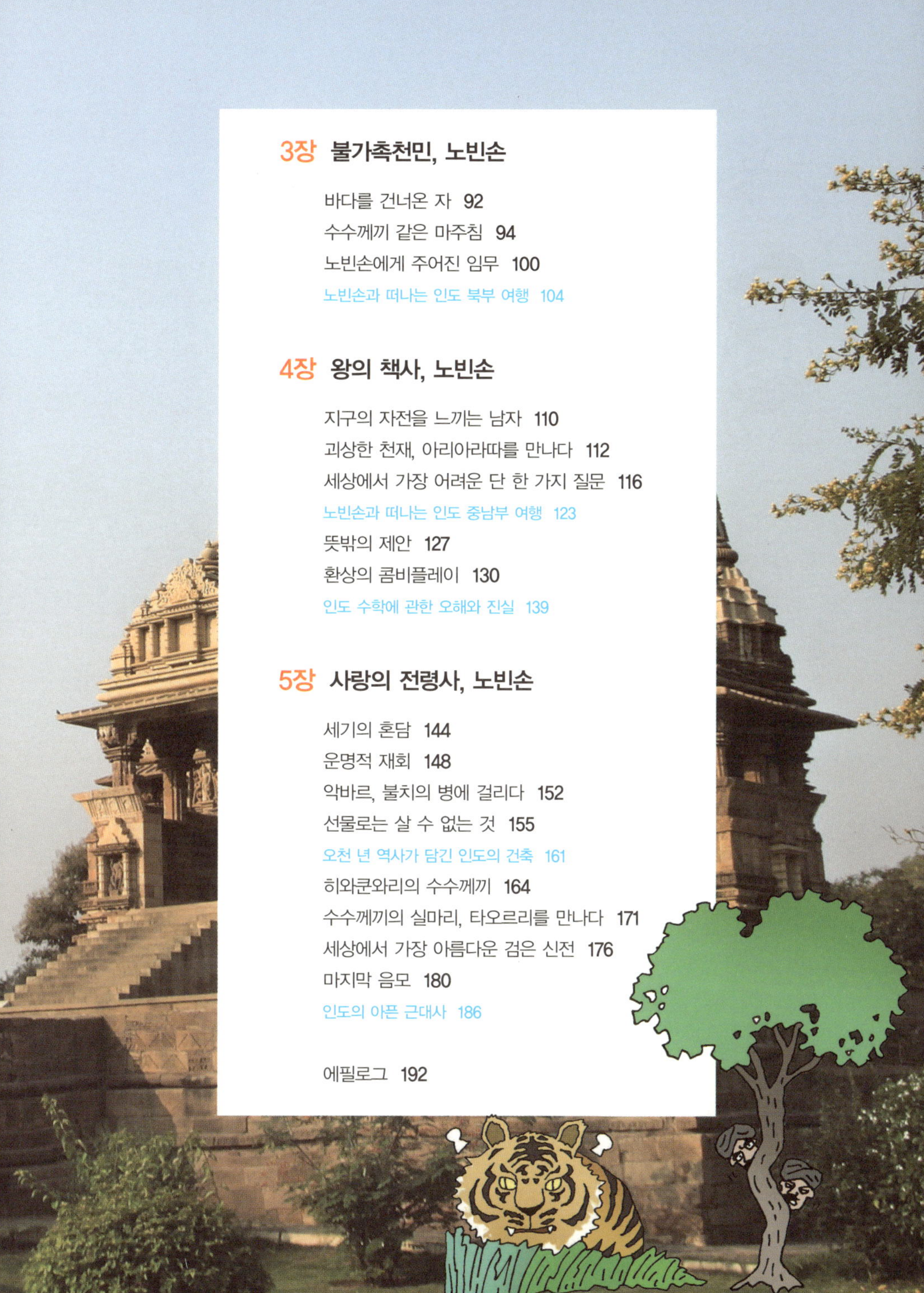

노빈손

알몸으로 불타는 장작더미 위를 뛰어다니며 화끈하게 무굴 제국에 첫발을 내디딘 노빈손. 그것은 찬란한 모험의 서막이었으니. 전설의 고행자에서 코끼리 똥만도 못한 불가촉천민으로 내동댕이쳐지다가 무굴 황제의 책사로 초고속 승진하기까지 변화무쌍한 노빈손의 인도 여정을 기대하시라!

잘람 루딘 무함마드

무굴 제국의 세 번째 황제. 본명보다 '악바르 대제'라는 칭호로 더 유명한 남자. 수려한 외모, 탄탄한 몸매, 게다가 이슬람교도와 힌두교도 사이의 평화를 추구하는 훈훈한 마음씨까지 모두 다 갖춘 황제지만 힌두교 왕국 암베르와 평화 협정을 맺으러 가는 길에 그만 '상사병'에 걸리고 마는데……. 그의 상사병을 고쳐 줄 꿈의 여인은 누구?

히와쿤와리

꽃보다 히와쿤와리 공주. 암베르 왕국 사람들뿐만 아니라 라지푸타나의 다른 왕자들도 모두 우러러보는 꽃보다 아름다운 암베르의 공주다. 운명의 장난인 걸까? 독실한 힌두교 신자인 그녀는 이슬람교도인 악바르와 사랑에 빠진다. 히와쿤와리는 악바르의 진심을 시험하기 위해 난해한 수수께끼를 내는데 과연 이 사랑은 이뤄질 수 있을까?

아불파즐

무함마드의 진정한 친구이자 바른말을 아끼지 않는 충실한 신하. 어디로 튈지 모르는 럭비공 같은 무함마드 덕분에 매일이 긴장의 연속이다. 무함마드에 이끌려 밤중에 잠옷 차림으로 라지푸타나 사막에 끌려오는 건 기본, 소 살해범으로 몰리는 것은 옵션 추가. 황제의 친구 겸 충신이어서 언제나 삶이 고달픈 남자.

브라만

암베르 왕국에서 신을 모시는 사제. '내가 제일 잘나가'를 인생 신조로 삼고 있으며, 자신을 신의 아들이라 생각한다. 이슬람과 무굴 제국을 세상에서 제일 싫어하는 그는 평화 협정을 맺으려고 암베르로 오는 무함마드를 죽일 계획을 꾸민다. 그러나 그가 미처 예상하지 못한 것은 바로 전설의 고행자, 노빈손의 등장.

바르말 왕

라지푸타나의 힌두교 왕국 중의 하나인 암베르의 왕이자 히와쿤와리 공주의 아버지. 온건한 성격의 소유자로 무굴 제국과 암베르의 평화를 위해 무함마드에게 비밀스러운 제안을 하는데…….

아리아라따

돈다, 돌아~. 지구의 자전을 느낀다며 365일 360도로 자신의 몸을 빙빙 돌리는 괴짜 수학자이자 천문학자. 머리가 돈 것 같지만 파이 값을 계산해 내고 지구가 자전한다는 것도 스스로 알아낸 천재이다. 시대를 앞서는 수학 지식을 가진 노빈손에게 홀딱 반해 자신의 제자로 삼으려 한다.

프롤로그

"람! 람! 싸드야헤! 람! 람! 싸드야헤!"

노빈손은 온몸으로 느껴지는 뜨거운 열기와 뜻 모를 우렁찬 외침에 놀라 희미하게나마 정신을 차렸다.

'으……, 더워! 여긴 어디지?'

반쯤 뜬 눈 안으로 들어오는 것은 어렴풋한 붉은빛뿐으로 아직까지 사태를 파악할 수가 없었다. 1초 전까지만 해도 분명 노빈손은 올여름엔 꼭 다이어트에 성공할 거라던 말숙이와 함께 요가 학원에서 열심히 요가 동작을 따라하고 있었다.

'으엉? 코브라 자세를 하고, 팔딱팔딱 메뚜기 자세까지 하다가 잠깐 쉬려고 매트에 누웠던 것까지는 기억이 나는데……. 여긴 어디야? 사우나인가? 아, 더워!'

노빈손은 너무 뜨거운 열기를 참을 수 없어 땀범벅인 몸을 벌떡 일으켰다. 그리고 곧 깨달았다. 자신이 지금 실오라기 하나 걸치지 않은 알몸이라는 것을.

'엥? 이게 웬 하의 실종 패션? 앗! 상의도 실종됐잖아. 왜 내가 아무것도 안 입고 있는 거지?'

'람람 싸드야헤'
인도의 전통적인 장례식

인도의 전통적인 장례식은 고인의 친지들이 화장터로 시신을 메고 오는 것으로부터 시작된다. 시신을 운반하며 외치는 말이 바로 '람람 싸드야헤(라마신은 알고 계신다)'이다. 시신이 화장터에 도착하면 상주는 시신을 강가에 적신 뒤 시신을 태울 준비를 한다. 인도는 화장 중에 곡을 하지 않는 풍습이 있기 때문에 화장터의 풍경은 엄숙하다.

노빈손은 얼른 정신을 추스르며 주위를 둘러보았다. 그러자 곧 더 큰 충격과 공포가 덮쳐 왔다. 왜냐하면 노빈손이 사우나라 생각했던 그곳은 바로!

"으아아아아아아! 앗! 뜨거워! 앗 뜨거! 뜨거! 노빈손 살려!"

이글이글 불에 타고 있는 장작 위였다. 노빈손은 알몸으로 불 위를 방방 뛰어다니며 공포 어린 비명을 질렀다.

"노빈손 살려! 대한의 모험가 노빈손, 탄두리 치킨 되네!"

이러한 사태에 놀란 것은 불구덩이 속에서 노릇노릇 구워지고 있는 노빈손뿐만이 아니었다.

"람람 헤…, 아니, 저건 대체 뭐지?"

시체를 화장하는 전통적인 장례식을 하던 사람들 역시 불타는 화장터에서 갑자기 벌떡 일어난 시체를 보고 경악을 금치 못하고 있었다.

"지금 주… 죽은 사람이 되살아나 불 위를 걷고 있는 건가?"

"뭐? 설마 그럴 리가! 가까이 가 보세."

사람들은 노빈손의 근처로 모여들었다. 사람들의 환상이 아니었다. 머리카락이 네 가닥밖에 없는 비범한 얼굴의 소유자가 계속해서 알아들을 수 없는 주문을 내뱉으며 불 위에서 재주넘기를 하고 있었다. 이내 사람들의 얼굴은 놀라움과 경이로 물들기 시작했다. 그때, 어떤 사람이 문득 생각났다는 듯 외쳤다.

"저… 저건 혹시 꼬… 꼰다리또꽈 님?"

"뭐? 불 위를 걷고 하늘을 날고 죽음마저 초월했다는 그 전설의 요기 말인가?"

"나도 들어 본 적 있어. 전설의 요기 꼰다리또꽈 님! 저건 꼰다리또꽈 님의 현신이야! 그분께서 환생하셨다! 오오!"

요가? 요기?

요가는 본래 인도의 전통적인 심신 수행법이었다. 무려 BC 2500년 인더스 문명의 유적에서도 요가 자세를 하고 있는 사람의 모습을 찾아볼 수 있다. 요가의 목적은 자세와 호흡을 가다듬어 육체와 정신을 일치시키고, 세속적인 욕망에서 벗어나는 것이다. 또 인도 사람들은 요가 수행을 계속하면 신과의 합일을 이룰 수 있다고 믿는다. 욕망의 해탈과 신과의 합일을 추구하며 요가 수행을 하는 사람들을 흔히 '요기'라고 부른다.

노빈손의 주위로 몰려든 사람들은 '꼰다리또꽈 님'이라고 칭송하며 무릎을 꿇었다. 하지만 몇 번의 몸부림 끝에 겨우 땅으로 떨어지는데 성공한 전설의 요기는,

"마… 말숙아!"

라는 뜻 모를 외침과 함께 까무잡잡하게 그을린 채로 까무룩 정신을 잃어버렸다.

"이봐, 밀지 좀 마! 요기 님이 잘 안 보이잖아!"

"저분이 불 속에서 부활하셨다는 요기 님? 대체 어떤 고행을 하셨기에 머리카락이 네 가닥밖에 남지 않은 거지?"

"어디 머리카락뿐인가? 저 얼굴 좀 봐! 웬만한 비바람과 모래바람을 맞아 견디지 않고서야 빚어질 수 없는 신묘한 얼굴이 아닌가! 우리가 상상도 할 수 없는 능력을 가진 분이 틀림없어!"

화장터에서 기절하여 실려 온 뒤부터 노빈손은 전설의 요기로 떠받들여지며 사람들의 극진한 대접과 관심을 받았다. 사람들은 줄을 지어 진귀한 음식을 노빈손에게 가져다 주고, 전설의 요기 꼰다리또꽈에게 존경을 표했다.

한편 꼰 다리를 또 꼬기에는 다리가 너무 짧은 노빈손은 열심히 사태를 파악하는 중

요기들은 정말 불 위를 걷고 하늘을 날았을까?

인도 신화에는 고행 끝에 아주 기이한 초능력을 가진 인물들이 많이 등장한다. 요가에서는 초인적 기술을 '싯디'라고 부르는데 싯디 숙련자들은 자신의 심신뿐 아니라 자연의 힘까지도 빌릴 수 있는 사람이다. 하지만 요가는 초능력을 얻고자 하는 것이 목적이 아니며 고행 중에 자연스럽게 초능력을 얻어야만 진정한 의미가 있다고 가르친다.

이었다.

'풍경을 보아하니 또 어딘가로 떨어진 게 틀림없어. 이건 늘 일어나는 일이니까. 그런데 여기가 어딘지 통 모르겠단 말이야. 하필 떨어져도 무섭게 화장터라니! 으으, 내 뽀얀 피부가 탄 식빵이 다 되었겠군!'

노빈손은 그렇게 투덜거리면서도 먹는 일만은 멈추지 않았다. 세계의 어느 곳이든 자기 집처럼 편하게 생각할 수 있는 특유의 배포도 슬슬 발동되고 있었고, 무엇보다 사람들이 가져다 주는 음식이 너무나 맛있었다. 숟가락이 없어서 오른손으로 밥을 집어 먹는 일도 처음에만 조금 망설였지 이제는 거침이 없었다.

"꺼어어어억. 잘 먹었다."

노빈손은 향신료로 물든 손을 내려다보며 시원한 트림을 뱉었다.

그러자 노빈손의 일거수일투족을 신기하게 바라보던 사람들이 웅성댔다.

"요기 님은 트림도 웅장하게 하시는군."

"무슨 불경한 말을! 저건 트림이 아니라 신의 소리를 모방하는 훈련이라고."

"요기 님. 저희에게 그 신묘한 신의 소리를 더 들려 주십시오."

머쓱해진 노빈손은 자리를 털고 일어나 사람들에게 다가갔다.

"요기 님이라니요. 그냥 노빈손이라고 부

인도에 가면 왼똥오밥을 기억하라!

인도에서 오른쪽은 성스러우며 긍정적인 세계를 뜻하고, 왼쪽은 세속적이며 부정적인 세계를 뜻한다. 인도인은 화장실에서 뒤처리할 때만 왼손을 쓴다. 식사 때나 악수할 때 왼손을 내밀면 인도인은 불쾌감을 느낀다. 인도에 가면 꼭 왼똥오밥을 기억할 것. 왼손은 뒤처리를! 오른손으로는 밥을!

르세요. 저는 그렇게 대단한 사람이 아닙니다. 공짜로 먹여 주고 재
워 주는 것만으로도 감사한데요.”

그러자 노빈손의 말에 사람들은 다시 한 번 “오, 요기 님!”이라며
경탄했다.

“고귀한 정신을 가진 분께서 이렇게도 겸손하시다니!”

“아니야, 신의 소리는 아무 때나 막 낼 수 있는 게 아니라는 것을
깨우쳐 주신 거야.”

“역시 전설의 요기 님!”

“으잉? 아니 그게 아니라 저는 정말 전설의 요기가 아니…….”

노빈손이 고개를 저으며 말을 이으려는 순간, 갑자기 집 밖에서 쩌렁쩌렁한 외침이 들려왔다.

"다 비켜라! 천한 것들! 브라만 님의 명을 전하러 왔노라!"

곧 사람들은 바다가 갈라지듯이 일제히 비켜 섰다. 어안이 벙벙해진 노빈손은 흰옷을 입은 사람이 다가오는 모습을 멀뚱히 바라보고만 있었다. 그 사람은 힌두교의 사제 브라만의 전령이었다.

'음, 이자가 전설의 요기?'

브라만의 전령은 기묘한 생김새의 노빈손을 보고 잠시 머뭇거렸다. 아무리 봐도 품위라고는 찾아볼 수 없으나 사람들이 이토록 열광하는 것으로 미루어 보아 눈앞의 남자는 틀림없이 전설의 요기일 터였다. 브라만의 전령은 고민 끝에 짐짓 정중한 태도로 목소리를 가다듬어 말했다.

"요기 님, 브라만 님께서 오늘 밤 베푸시는 연회에 요기 님을 초대하고자 하십니다. 그곳에서 라지푸타나와 암베르 왕국의 미래 그리고 무굴 제국에 관한 중요한 이야기가 오갈 터이니 꼭 요기 님께서 참석하여 고견을 들려주셨으면 합니다."

'브라만? 그게 뭐지? 무굴 제국? 어디서 많이 들어 봤는데?'

그랬다. 아직 잘 모르고 있지만 노빈손이 타임슬립한 때는 인도 역사의 황금기, 위대하고 찬란하다 칭송되는 무굴 제국 시대였던 것이다.

●● 인도와 인사하기

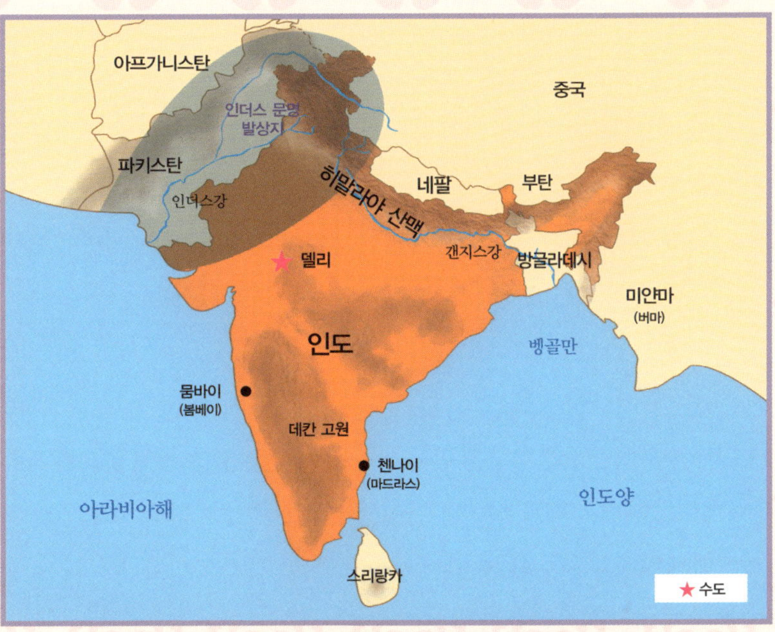

- **수도** : 뉴델리
  올드델리와 뉴델리를 합해 델리라 불러. 올드델리는 16세기 무굴 제국의 수도였고
  뉴델리는 영국이 인도를 식민 지배할 때 수도로 세워진 계획 신도시야.
- **종교** : 힌두교 80.5%, 이슬람교 13.4%, 기독교 2.3%
- **화폐 단위** : 루피(단위:Rs), 1루피=우리 돈 20원(2012년 8월 기준)
- **면적** : 328만 483km² (대한민국의 32.9배)
- **인구** : 12억 이상(2012년 기준)으로 추정(세계 2위)
- **인구 증가율** : 2.12%(한국 0.52%). 매년 1,900만 명씩 인구 증가

●● 인도의 지리를 살펴볼까요?

인도는 아라비아해와 인도양에 접해 있는 반도로 북쪽에는 일 년 내내 눈 덮인 거대한 히말라야 산맥이 지붕처럼 인도를 감싸고 있어. 히말라야는 북쪽에서 침입하는 외적을 막아 주고 티베트에서 불어오는 찬 공기를 차단하는 역할을 했지.

히말라야 아래에는 갠지스강과 인더스강이 흐르는 인도의 북부 평야가 있어. 세계 4대문명 중 하나인 '인더스 문명'도 바로 이 인더스강 유역에서 탄생했어(현재 인더스강은 파키스탄에 있어). 인도 남부에는 데칸 고원이 있지. 데칸 고원은 지구상에서 가장 오래된 육지로 오래된 지층이 많아 지하자원이 풍부하단다.

●● 인도의 기후를 알려 주세요

인도는 열대 계절풍의 영향을 받아. 6~9월에는 인도양 쪽에서 습한 남서풍이, 12~2월에는 대륙 쪽에서 건조한 북동풍이 불어오지. 또 건기와 우기도 뚜렷하단다. 인도의 계절은 우리나라처럼 사계절이 아니야. 무려 여섯 계절로 구분되지. 인도의 계절을 살펴볼까?

바산타 봄철(3월 중순~5월 중순)   **샤라다** 가을철(9월 중순~11월 중순)

그리쉬마 무더위 철(5월 중순~7월 중순)   **헤만타** 겨울철(11월 중순~1월 중순)

바샤 장마철(7월 중순~9월 중순)   **쉬쉬라** 선선한 철(1월 중순~3월 중순)

●● 인도의 음식으로는 무엇이 있나요?

인도의 주식

밀농사를 짓는 북인도에선 통밀을 빻아 반죽해서 구운 차파티를 주식으로 먹어. 쌀을 재배하는 남인도에서는 쌀가루를 발효해서 만든 팬케이크에 향신료와 야채를 넣어 싸 먹는 도사를 즐겨 먹지.

차파티

도사

커리 요리

우리가 인도 요리라고 알고 있는 카레라이스는 인도에 없어. 대신 '커리'라는 향신료가 있지. 커리는 소스라는 뜻의 타밀어(남인도에서 쓰는 언어)에서 유래된 말이야. 각종 채소에다 커리를 넣어 걸쭉하게 끓인 요리도 커리라고 해.

커리

탄두리 치킨

탄두리 치킨

탄두리 치킨은 특별한 날 먹는 잔치 음식이야. 인도 전통 화덕인 탄두르에 굽는다고 탄두리 치킨이라고 부르지. 요구르트와 향신료에 절인 닭을 꼬치에 꿴 뒤 탄두르에 익

힌단다. 완성된 음식은 잘게 썬 양파 위에 올려 먹지.

탈리

힌디어로 '큰 접시'를 뜻하는 탈리는 인도의 대중적인 서민 요리
야. 큰 쟁반에 차파티와 쌀밥, 커리, 디저트를 모두 담
아낸단다. 남인도에서는 탈리를 밀즈라고 불러.

탈리

●● 인도의 공식 언어는 모두 몇 개일까?

인도에는 현재 약 3,372개의 언어가 존재하는데 이중 10만 명 이상의 인
구가 사용하는 언어만 216개야. 각 지역별로 인정한 공식 언어가 18개나
되지만 인도 정부에서 정한 공식 언어는 힌디어와 영어이지. 인도 수도인
뉴델리를 중심으로 대부분의 인도인이 쓰는 힌디어를 알아볼까?

안녕하세요.
나마스까르(존칭) 나마스테(일반)
감사합니다. 던여와드
미안합니다. 무제 마프끼지예
네 지항

아니오 너힝
제 이름은 '노빈손'입니다.
메라 남 '노빈손' 해
당신의 이름은 무엇입니까?
뚱하라 남 꺄 해?

1장
두근두근
라지푸타나 탐험대
아차차!
하마터면 또
왼손으로 먹을 뻔
했네!
그건
말하자면
응가 푹는 삽으로
밥을 떠 먹은
거와 같다는

뜻밖의 엄행

라지푸타나의 고요한 사막이 두 마리의 낙타 발굽 소리로 갑자기 소란스러워졌다. 그 가운데 잠옷 차림의 한 남자는 경쾌한 낙타 발걸음과 다르게 얼굴을 잔뜩 찌푸리고 있었다.

"폐하! 이제 만족하십니까? 밤 산책이나 하자면서 잘 자고 있던 저를 깨워서 여기까지 끌고 오시니까! 도대체 어디까지 가시는 겁니까?"

"아불파즐! 내가 좀 전에 우리의 목적지는 라! 지! 푸! 타! 나! 라고 똑똑하고 분명하게 말하지 않았어?"

"네, 말씀하셨습니다. 라지푸타나 땅에 들어서기 백 걸음쯤 전에요. 저는 마지막 순간까지 정말 설마 했다고요!"

폐하라고 불린 남자는 마치 어린아이처럼 장난기가 가득한 표정으로 뒤를 돌아보았다. 순간 아불파즐에게 불길한 예감이 스멀스멀 피어올랐다.

"폐하, 설마 계속 이렇게 들어가실 생각은 아니죠? 워낙 스릴 넘치는 모험을 즐기시니 잠깐 라지푸타나 땅을 밟았다가 돌아

라지푸트는 산스크리트어로 '왕의 아들'이라는 뜻이다. 라지푸트족은 5세기 중엽에 중앙아시아에서 인도로 건너온 훈족의 후예로 용맹하고 명예를 중시했다. 8~12세기에 라지푸트족은 인도 북서부에 여러 왕국을 세우면서 힘을 키웠다. 이 지역을 라지푸타나(라지푸트의 땅)라고 한다. 오늘날의 라자스탄 주인데 16세기 무굴 제국은 라지푸타나 대부분을 점령한다. 무굴 황제들은 저항하는 라지푸타나 왕국과는 전쟁을 벌이고, 협력하는 라지푸타나 왕에게는 자치권을 인정해 주었다.

가는 거죠? 이쯤에서 돌아가는 게 어떨까요? 제발! 제가 이렇게 두 손 모아 빕니다. 우리 이슬람교도와 무굴 제국을 이 세상에서 제일 증오하는 라지푸트족이 득시글대는 라지푸타나라고요. 맙소사! 내가 지금 그 라지푸타나 땅을 밟고 있다니! 그것도 단둘이? 호위병도, 코끼리 부대도 없이?"

말을 이어 나가는 동안 아불파즐의 불안감은 점점 뭉실뭉실 커졌다. 두 손으로 고삐를 그러모은 아불파즐의 얼굴은 새하얗게 질렸다가, 이내 파래졌다.

아불파즐의 불안감이 도무지 가라앉을 기미를 보이지 않자 폐하라는 남자는 달래듯이 말을 꺼냈다.

"아불파즐, 사실 얼마 전에 암베르의 바르말 왕에게 편지 한 통을 받았어. 이슬람교도과 힌두교도의 미래를 위해 평화 협정을 맺고 싶다더군. 하지만 사람들이 알게 되면 여러 가지로 번거로우니까 되도록 조용히 만났으면 좋겠다는 내용이었지. 그래서 자네와 나, 둘만 가는 거야. 신나지 않아? 소꿉친구이자 가장 충직한 신하인 자네를 위해 내가 특별히 준비한 모험이야! 바르말 왕도 갑자기 내가 이렇게 나타나면 나를 되게 용감하다고 생각할 거야. 호호."

그 말에 불안감은 사라지기는커녕 거대

무굴 코끼리 부대

무굴 제국은 유목민인 '바부르'가 세운 이슬람 왕조이다. 유목민이 전쟁에서 가장 중시했던 것은 '기병', '포병' 그리고 무장한 '코끼리 부대'였다. 무굴 제국의 3대 황제인 악바르 대제는 8,500개 이상의 쇳덩이를 이어 만든 갑옷(약 130kg)을 코끼리에게 입혔는데 그는 "무장한 코끼리 1마리는 말 500마리와도 같다"고 이야기할 만큼 코끼리를 중시했다. 무굴의 코끼리 부대는 주로 현장 공사(부대 이동 통로 닦기)와 정찰 업무, 그리고 전쟁에서의 돌격을 담당했다.

한 쓰나미가 되어 아불파즐을 덮쳤다.

"설마… 설마 바르말 왕이 있는 암베르까지 가는 겁니까? 게다가 바르말 왕은 우리가 오는 것도 모른다고요? 그럼 바르말 왕이 우리를 보호해 주지도 않을 거라는 얘기잖아요!"

그러자 이름이 잘림 루딘 무함마드인 훗날 '악바르 대제'라고 불릴 남자가 무심하게 고개를 끄덕였다. 그러고는 "이랴" 하는 소리와 함께 더 빨리 말을 몰았다. 아불파즐은 찢어질 듯 애절한 비명을 지르며 남자를 뒤쫓았다.

"안 돼! 멈춰! 멈추세요! 무굴 제국으로 돌아가요! 폐에에에하아!"

그러나 무굴 제국 사상 최고로 대책 없는 행동력을 가진 남자 앞에서 그런 외침은 아무런 소용이 없었다.

이슬람 제국과 라지푸트족의 치열한 역사

인도의 부에 매혹된 많은 이슬람 세력들은 군대를 끌고 인도로 왔다. 12세기 초, 아프가니스탄 구르 왕조 무함마드 가니와의 전쟁을 시작으로, 13~15세기 델리 술탄 시대, 16~18세기의 무굴 제국 시대에 이르기까지 이슬람 세력과 라지푸트족은 약 350년 동안 끊임없는 전쟁을 이어 갔다. 악바르 대제 때부터 무굴 제국은 항복한 라지푸타나의 왕들에게 자치권을 인정해 주었으나 독실한 힌두교도인 라지푸타나의 왕은 전사로서의 자존심이 강하고 명예를 추구해 항복 대신 죽음을 선택하는 경우도 많았다.

운명적인 만남

"계속 그렇게 소란 떨 거야? 라지푸타나의 모든 힌두교도들이 우리가 온 것을 다 알게 하려고?"

무함마드의 말에 아불파즐의 입은 겨우 닫혔지만 대신 입술이 삐죽 나왔다. 무함마드는 그런 아불파즐을 본체만체하고는 멀리 보이는 마을을 가리켰다.

"아불파즐, 골내지 말고 요기도 할 겸 잠시 저 마을에 들를까?"

마을 어귀에는 시장이 있었다. 알록달록한 사리들이 여기저기서 나풀거렸고 항아리를 인 여인들이 분주히 돌아다녔다. 어디선가 맛있는 냄새도 풍겼다. 허기진 아불파즐은 앞장 서 음식을 파는 가게를 찾기 시작했다.

그러나 계속해서 허탕만 쳤다. 시장 전체를 돌았지만 아무도 음식을 팔지 않았다.

"죄송합니다. 오늘 멀리서 오신 높은 분이 락슈미 여신께 기도를 드린다면서 이 차파티들을 미리 사겠다고 하셨거든요. 저희 가게뿐만 아니라, 다른 곳도 마찬가지일 겁니다."

"아니, 며칠을 쉬지 않고 달려오느라 뱃가죽이 등에 붙게 생겼는데 음식을 팔 수 없다니. 그럼 배고픈 여행자들은 사막에서 독전갈만 잡아먹으라는 소리인가?"

무함마드도 황당한 표정이 되었다. 뱃속에서는 먹을 것을 넣어 주지 않으면 당장이라도 파업을 선언할 기세로 '꼬르륵' 하는 경고음이 요란하게 났다. 아불파즐은 허리춤에 차고 있던 주머니를 꺼내 시장 상인의 눈앞에서 흔들었다.

"좋습니다. 그럼 돈을 더 내지요. 이 정도면 되겠습니까?"

"헉, 이건!"

아불파즐이 꺼낸 정오의 모래알보다 더 반짝이는 황금을 본 상인은 입을 다물지 못했다.

"당분간 장사하지 않아도 될 정도의 돈입니다."

"그, 그러면 두 분께 음식을 팔겠습니다. 헤헤."

막 흥정이 이루어지려는데, 온 시장을 울리는 천둥 같은 고함 소리가 들렸다.

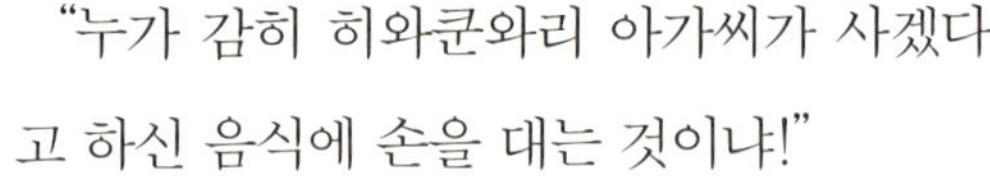

"누가 감히 히와쿤와리 아가씨가 사겠다고 하신 음식에 손을 대는 것이냐!"

건장한 남자의 목소리와 함께 나타난 정체 모를 달콤한 향기에 무함마드는 정신이 아찔해졌다. 그 향기의 끝에는 온몸을 화려한 색의 사리로 두른 아름다운 여인이 서 있었다.

"아, 아니. 이럴 수가!"

그 여인을 본 순간, 무함마드는 세상 전체가 멈춰 버린 것 같은 착각에 빠졌다. 시장의 다른 모든 풍경은 흑백으로 변하고,

와글와글 인도의 전통 시장

인도는 가파른 경제 성장률을 보이지만 대형마트의 점유율이 2~3%에 그친다. 즉 대부분의 인도 사람들은 여전히 전통 시장을 이용한다. 인도의 시장은 우리나라 시장보다 훨씬 더 복잡하다. 수많은 상점이 빼곡하게 들어차 있고 길 사이사이로 오토바이와 릭샤(인도의 인력거)가 쉴 새 없이 지나다니기 때문이다. 정가제를 실시하는 가게가 전무하니 인도에서 흥정은 필수!

오로지 그 여인의 모습만이 생생한 컬러의 3D 영상으로 무함마드에게 다가왔다.

그녀는 락슈미 신전에 경배를 드리러 온 암베르의 히와쿤와리 공주였다. 여신께 바칠 꽃과 향료를 손에 들고 있던 그녀는 무함마드의 뜨거운 눈빛을 감지하고 재빨리 고개를 돌렸다.

'정말 예의를 모르는 남자군. 사람을 왜 저렇게 노골적이고 느끼하게 바라본담.'

히와쿤와리는 "흠흠" 두 번 헛기침을 했다. 그러자 히와쿤와리의 시종들이 무함마드와 아불파즐에게 호통을 쳤다.

"죄를 지었으니, 몸을 낮추고 잘못을 빌어라! 너희들의 행실에 락슈미 여신님이 노하셨다!"

"뭐야? 이놈들! 이분이 누구신지 알고! 이분은 무… 읍! 으으읍!"

무함마드는 급히 아불파즐의 입을 틀어막고는 귀에 대고 낮게 속삭였다.

"아불, 조용히 해. 우리의 정체를 들키면 절대 안 돼!"

아불파즐은 아차 싶어 입을 다물었다. 하지만 두 사람을 둘러싼 사람들의 눈초리는 점점 위로 치켜 올라갔다. 외지인의 옷차림과 말투를 의심스럽게 여기고 있는 듯했다. 무함마드의 머릿속에 여러 가지 생각들이 떠올랐다.

'지금 여기서 사람들에게 붙잡히거나 정체를 들켜 버린다면 모든 일이 허사로 돌아갈 거야. 어떻게 빠져 나간담.'

무함마드는 히와쿤와리를 다시 똑바로 바라보고는 질문 하나를 던졌다.

"히와쿤와리 님이라고 하셨죠? 제가 알기로 히와쿤와리 님이 경배를 드리려는 락슈미 여신은 물 위에서 태어나 연꽃의 눈을 가지고 연꽃의 색깔을 하고 연꽃의 옷을 입고 계시는데, 히와쿤와리 님께서는 그 까닭이 무엇인지 아십니까?"

'호오, 이 남자 봐라?'

평소 미모면 미모, 지식이면 지식, 모든 것이 완벽하다고 칭송받던 히와쿤와리는 당돌하게 뜻 모를 질문을 던지는 남자에게 알 수 없는 호기심을 느꼈다. 무심결에 히와쿤와리는 답을 하고야 말았다.

"물은 우리를 가장 깨끗하게 정화해 주고, 또 모든 식물들을 자라게 하는 만물의 근원이기 때문입니다. 락슈미 여신님께서 그 물 위에서 태어나셔서 본인의 자애로운 힘으로 연꽃처럼 세상 모든 생물들을 활짝 피우시는 거지요."

히와쿤와리의 아름다운 목소리와 현명한 대답에 무함마드의 입은

저절로 헤벌쭉 벌어졌지만 들켰을세라 얼른 평소 표정으로 돌아와
히와쿤와리에게 말했다.

"바로 그겁니다. 히와쿤와리 님의 말대로라면 여기 이 차파티들도
모두 락슈미 여신님께서 빚어낸 것입니다. 락슈미 여신님은 모든 여
신들 중 가장 아름답고 인자한 분이시죠. 그런데 그런 여신님께서
오랫동안 사막을 달려와 굶주린 두 여행자가 여신님의 땅에서 난 음

식을 먹으려 했다고 화를 내실까요?”

그러자 무함마드의 의도를 알아차린 히와쿤와리는 슬며시 웃음을 지었다. 한편, 아불파즐은 못 말린다는 표정으로 무함마드를 바라보았다.

‘아니, 대체 폐하께서는 힌두교의 신들을 어찌 저리 잘 알고 계시는 거야? 하여간 알 수 없는 분이야. 신하들이 그토록 다시 라지푸트족을 정벌해야 한다고 목소리를 높이는데도, 혼자서 힌두교도들과 평화를 이룩해야 한다고 주장하시더니…….’

한편 히와쿤와리는 무함마드에게 묘한 설렘을 느끼고 있었다.

‘정말 재치 있는 남자네. 지금까지 내가 만난 다른 라지푸타나의 왕자들은 모두 겉만 번지르르한 허풍쟁이들이었는데……. 그런 남자들에게 시집가느니, 차라리 평생 홀로 신을 섬기며 사는 게 낫다고 생각했었지. 그런데 이 남자는 뭔가 달라.’

남녀가 유별하다고 배워 왔기에 히와쿤와리는 조심스러운 눈길로 무함마드를 응시했다. 찬찬히 볼수록 외모가 준수했다. 두 눈은 장난기가 가득해 보이지만 어딘가 마음속 깊숙한 곳에 흔들리지 않는 신념을 가지고 있는 것처럼 느껴졌다. 마치 자신이 평생 이상형으로 꿈꿔 왔던 비슈누 신

조다바이? 히와쿤와리? 마리암 우즈 자마니?

암베르 왕 바르말의 딸이자 3대 무굴 황제인 악바르 대제의 부인, 4대 무굴 황제인 자항기르의 어머니인 ‘히와쿤와리’에게는 이름이 많다. ‘조다바이’로 알려져 있지만 실질적으로 무굴 제국의 역사서에 기록된 이름은 ‘마리암 우즈 자마니’이다. 히와쿤와리는 그녀의 결혼 전 이름이며 조다바이는 악바르의 아들인 자항기르의 라지푸트족 출신 아내의 이름이었을 거라고 역사학자들은 추측하고 있다.

처럼.

거기까지 생각이 이르렀을 때, 문득 히와쿤와리는 무함마드도 자신을 뚫어져라 바라보고 있다는 사실을 깨달았다.

'어머!'

쿵쾅쿵쾅.

서로의 눈동자가 마주치는 순간! 히와쿤와리는 갑자기 이상할 정도로 거세게 뛰는 자신의 심장 소리에 놀라 침을 꿀걱 삼켰다. 무함마드는 여전히 히와쿤와리에게서 시선을 떼지 않고 있었다. 순간 히와쿤와리는 자신의 마음을 들킬까 두려워 급히 무함마드에게 가라는 손짓을 했다.

"당신 말이 맞습니다. 제가 사정을 몰랐군요. 미안합니다. 배고픈 여행자를 외면하는 것이 관대한 여신님의
뜻이 아니겠지요."

"감사합니다."

둘은 히와쿤와리에게 감사를 표하고는 뒤돌아섰다. 아불파즐은 사람들이 많은 곳을 어서 벗어나고 싶었다. 그러나 그런 아불파즐의 마음을 아는지 모르는지, 무함마드의 걸음은 더디기만 했다.

'아, 가야만 하는데 발걸음이 떨어지질 않는구나.'

몇 걸음이나 갔을까, 무함마드는 홱 하고

락슈미 여신

락슈미 여신은 세계의 질서를 다스리는 비슈누 신의 부인으로, 아름다움과 풍요의 여신이다. 인도에서 가장 인기 있는 여신으로 정숙함, 덕스러움, 다산과 미를 상징하고 부와 행운을 가져다 주는 여신으로 추앙받는다. 락슈미 여신은 물에서 태어났다고 하며 보통 두 팔(가끔 4개의 팔)에 연꽃과 금 항아리를 들고 연꽃 위에 앉아 있는 모습으로 묘사된다.

뒤돌아서 히와쿤와리 앞으로 갔다. 그리고 히와쿤와리와 눈을 맞추고 이렇게 물었다.

"히와쿤와리 아가씨. 락슈미 여신은 세상에서 가장 아름다워, 수많은 남자들뿐 아니라 사악한 악마조차도 그녀의 미모에 반해 그녀에게 구혼했습니다. 그런데도 락슈미 여신은 받아들이지 않았습니다. 그 이유를 아십니까?"

"그야… 오직 비슈누 신만이 완벽한 짝이요, 운명이었으니까요."

"그렇죠? 그러니까, 우린 또 만나게 될 겁니다."

무함마드는 그렇게 말하며 웃고는 발길을 돌렸다. 그 말을 들은 히와쿤와리는 한참이나 멍하니 그 자리에 서 있었다. 인도의 운명을 바꿀 세기의 인연이 그렇게 시작되려 하고 있었다.

가장 신성한 자, 브라만

브라만은 인도의 카스트 제도 중에서 최고층 신분이다. 브라만은 신과 인간을 잇는 역할을 한다. 고대 인도 사회에서 브라만은 '학식이 있고 힌두교 경전 『베다』에 능통한 인간의 모습을 한 신'으로 여겨졌다. 그 이유로 브라만은 제사 의식의 담당자로 자신의 권력 기반을 확고히 하고 힌두교 사회에서 존경을 받았다. 브라만 계급은 대부분 성직자와 학자의 역할을 수행했지만 정치를 하기도 했다.

엄베르의 브라만

"브라만 님, 보고 드릴 일이 있습니다."

브라만은 심복이 찾아오자 눈살을 찌푸렸다. 연회 준비를 위해 길고도 긴 목욕을 막 끝마치고 힌두교 경전 『베다』를 읽고 있었기 때문이었다.

"경전을 읽는 이 시간을 방해할 만큼 중

요한 일이냐?"

"바르말 왕이 무굴 황제에게 편지를 보냈습니다."

브라만은 바르말 왕의 일거수일투족을 알기 위해 바르말 왕 주변에 심어 두었던 심복의 보고에 펄쩍 뛰었다.

"뭐라고? 감히 그런 일을 나 몰래 저지르다니! 확실한 거냐?"

"사신이 찾아와서 보고하는 것을 엿들었습니다. 더 충격적인 사실은 무굴 제국의 황제가 지금 라지푸타나에 잠행했다는 것입니다. 어디에 있는지는 정확하게 알지 못하지만 머지않아 암베르에 도착할 것 같습니다."

브라만은 배신감에 온몸을 떨었다.

"바르말! 무굴 제국과 내통을 하겠다고? 신이 두렵지도 않은가! 무굴 제국과 평화 협정이라도 맺겠다는 거냐? 이슬람교도가 그동안 라지푸타나에 쳐들어와서 저지른 극악무도한 일들을 모두 덮기라도 할 셈이군. 감히 나 몰래 그런 일을 꾸며? 평화 협정 두 번만 했다가는 아주 이슬람교도와 하하호호 웃으며 소고기라도 나눠 먹겠네! 그러고도 네가 힌두스탄이냐!"

브라만은 분을 참지 못하고 손에 잡히는 대로 컵이며, 종이며, 깃털 펜 등을 집어던졌다. 이런 일이 한두 번이 아니기에 심복

무굴 제국과 암베르 사이에 평화 협정이 있었을까?

바르말은 악바르 대제와 손을 잡은 최초의 라지푸타나 왕이었다. 바르말은 자신의 딸을 악바르에게 시집보내고 아들을 악바르의 군대에 보냈다. 바르말은 암베르의 안전을, 악바르는 라지푸타나를 무굴 제국으로 통합하기 위한 정치적 결정이었다. 순수하게 힌두교와 이슬람교의 통합만을 위한 결정은 아닌 것이다.

은 유연하게 그 모든 것들을 피하며 고개를 숙여 인사를 하고는 황급하게 방을 나갔다.

혼자 남아 씩씩거리던 브라만은 갑자기 무언가를 떠올렸다.

'가만, 이건 기회야. 무굴 황제는 사람들의 눈을 피하기 위해 호위 무사도 제대로 데려오지 않았을 거야. 무굴 황제를 찾아내기만 하면 해치우기는 식은 죽 먹기란 말씀. 무굴 황제를 해치우면 무굴 제국과 관계가 나빠질 터. 그러면 그 책임을 바르말 왕에게 뒤집어씌워 내쫓을 수 있겠지. 이건 두 사람을 한꺼번에 처리할 수 있는 기회잖아? 호호호.'

브라만은 순식간에 기분이 좋아져 웃음을 터트렸다. 그리고 방 안을 서성대며 바르말 왕과 무굴 황제를 한 번에 처리할 계획을 세우는 데 골몰했다.

"이런 기막힌 생각을 하다니 난 역시 신의 사제 브라만이야."

몇 분 동안 자만에 빠져 있다가 브라만은 문득 전설의 요기를 부르러 전령을 보낸 것이 기억났다.

화장터에서 벌떡 일어나 불 위를 걸었다는 전설의 요기. 하늘을 날고 불 속을 걷고 눈빛만으로 나는 새를 떨어뜨리고 한 손으로 바다를 가르고 입김만으로 산을 옮긴다는 머리카락이 네 가닥밖에 없는 전설의

힌두스탄

힌두스탄은 다양한 의미를 지닌다. 힌두스탄은 인도 북부를 동서로 달리는 대평원을 의미한다. 주로 갠지스강과 인더스강 유역에 펼쳐진 이 평원은 인도 총 면적의 약 1/3을 차지한다. 힌두스탄에 있는 라지푸트족의 왕국들이 주로 힌디어를 쓰기 때문에 힌두교를 믿는 사람들과 그들의 문화도 힌두스탄이라 지칭했다. 오늘날 힌두스탄이라는 말은 종교에 관계없이 '인도인'이나 '인도 대륙'을 가리키는 말로 사용한다.

요기 이야기로 온 동네가 떠들썩하기에 어디서 약장수가 왔나 보다 하고 미심쩍어하고 있던 참이었다.

무엇보다 전설의 요기가 나타난 뒤부터 브라만에게 찾아오는 사람이 없었다. 인생 신조가 '내가 제일 잘 나가'이고 다른 사람에게 훈계하는 것을 인생의 낙으로 삼는 브라만에게 참을 수 없는 모독이었다. 그렇기에 먼저 전설의 요기가 누구인지 알아봐야 했다.

"여봐라, 밖에 아무도 없느냐!"

한 시종이 숨을 헐떡이며 브라만의 곁으로 달려왔다.

"오늘 밤 연회에 전설의 요기를 확실히 불렀느냐? 그 녀석이 사이비라는 것을 밝혀야 사람들이 나에게 다시 찾아올 것 아니냐? 요즘은 푸자할 맛도 안 나. 전설의 요기에게 본을 보여 주기 위해서라도 연회는 두 배 더 화려하게 준비하도록 하고."

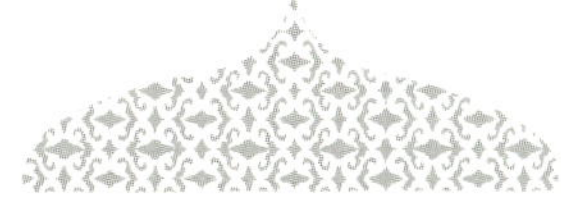

푸자

푸자는 집에서 하는 간단한 의례를 포함한 신을 예배하는 힌두교 의례를 모두 가리키는 말이다. 푸자의 형식은 지역과 모시는 신마다 다르지만 대개 신의 상징인 신상에 대고 경배를 한다. 푸자는 아침부터 이뤄지는데 일어나자마자 기도를 하고 매끼마다 신에게 식사를 올리고 잠자리 문안까지 한다. 인도인의 일상과 맞닿아 있는 셈이다.

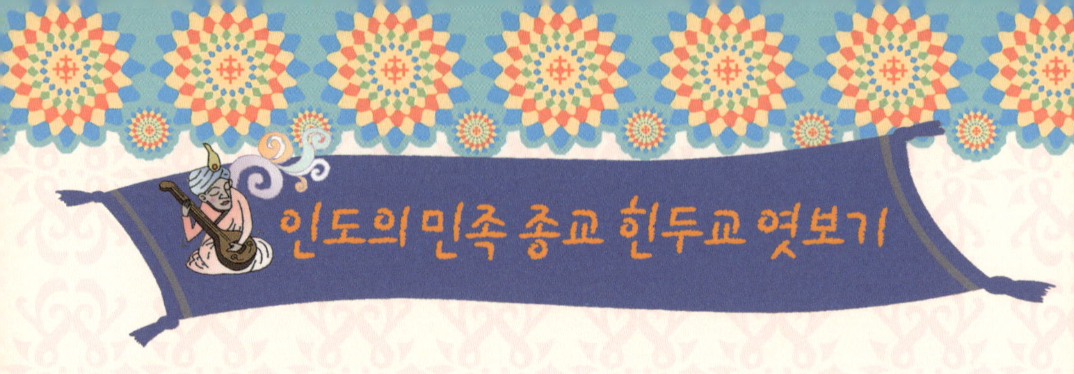

●● 힌두교의 기원

자연 만물에 신이 있다는 아리아인(기원전 10세기경 중앙아시아에서 인도로

넘어온 유목민)의 베다 신앙에서 오늘날의 힌두교가 탄생

했다고 해. '베다' 는 고귀한 지식을 뜻하는데 아리아

인이 갠지스강 유역을 차지한 시기에 펴낸 방대

한 종교 문헌의 제목이기도 해. 『베다』는

자연 현상들을 신으로 묘사하고, 각

신들을 사랑과 심판의 양면성을

가진 존재로 나타낸단다.

『베다』의 다신교적 세계관이 힌

두교로 이어져 내려왔지. 『베다』와

힌두교의 기본 신들을 살펴볼까?

『베다』의 종류

「리그베다」 성자들이 신들에게 바치기 위해 읊은 시. 총 10권으로 이루어져 있음

「사마베다」 신들에게 바치는 노래

「야주르베다」 신들에게 공양을 바치는 의식을 설명함

「아타르바베다」 신들에게 재앙과 저주를 물리쳐 줄 것을 바라는 주문을 담고 있음

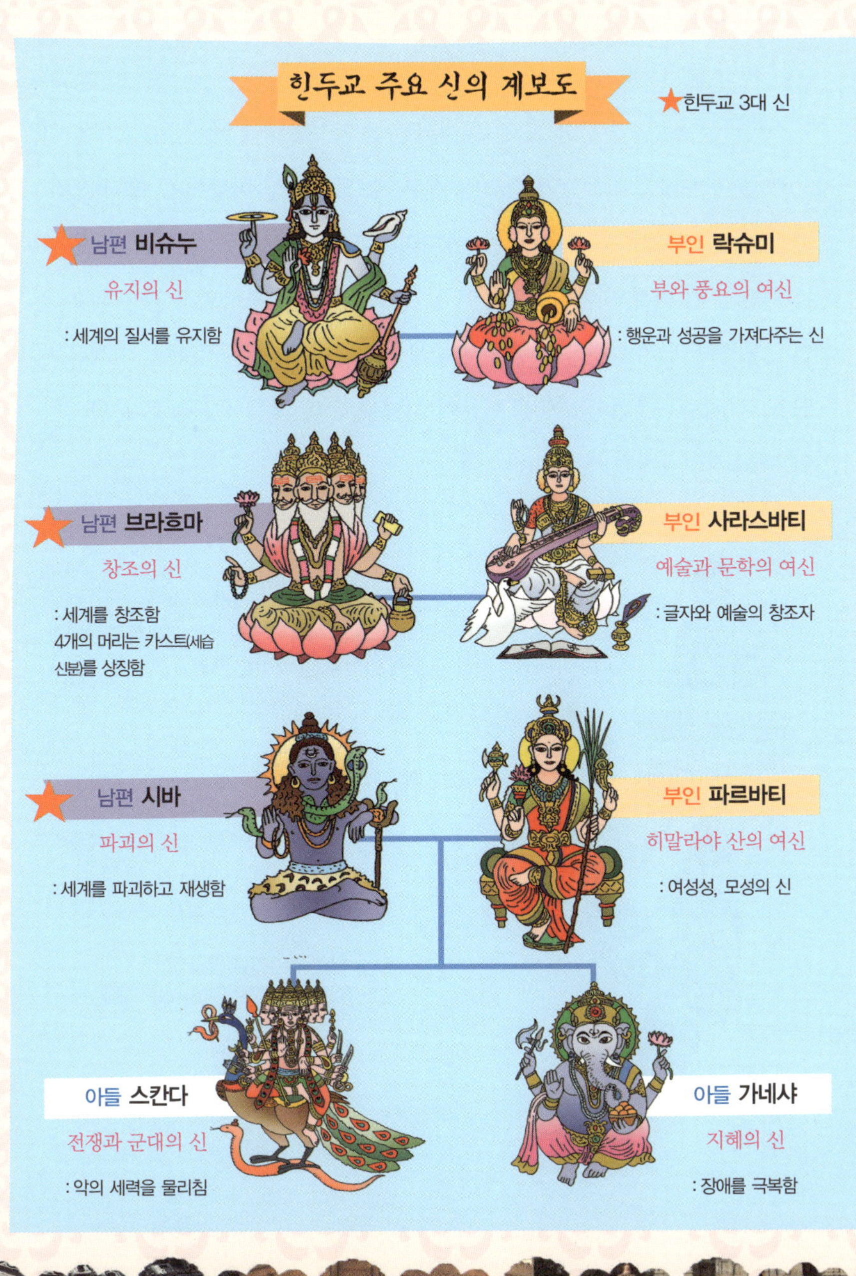

힌두교 주요 신의 계보도
★ 힌두교 3대 신

★ 남편 비슈누
유지의 신
: 세계의 질서를 유지함

부인 락슈미
부와 풍요의 여신
: 행운과 성공을 가져다주는 신

★ 남편 브라흐마
창조의 신
: 세계를 창조함
4개의 머리는 카스트(세습 신분)를 상징함

부인 사라스바티
예술과 문학의 여신
: 글자와 예술의 창조자

★ 남편 시바
파괴의 신
: 세계를 파괴하고 재생함

부인 파르바티
히말라야 산의 여신
: 여성성, 모성의 신

아들 스칸다
전쟁과 군대의 신
: 악의 세력을 물리침

아들 가네샤
지혜의 신
: 장애를 극복함

카스트라는 말은 '순수한, 순결한'이라는 뜻의 포르투갈어야. 16세기에 인도로 들어온 포르투갈인이 인도의 신분 제도에 붙인 이름이지. 원래 인도에서는 신분 제도를 '카스트'가 아니라 '바르나(색깔)'로 칭했어. 기원전 1500년경 흰 피부의 아리아인들이 인더스 문명을 정복하면서 검은 피부의 인도 원주민과 자신들을 구별했기 때문이야. '바르나'는 정복민-피정복민만을 나누는 구분법이었지만 시간이 지날수록 더 많은 신분들로 분화되었어. 대표적인 4개의 신분은 다음과 같아.

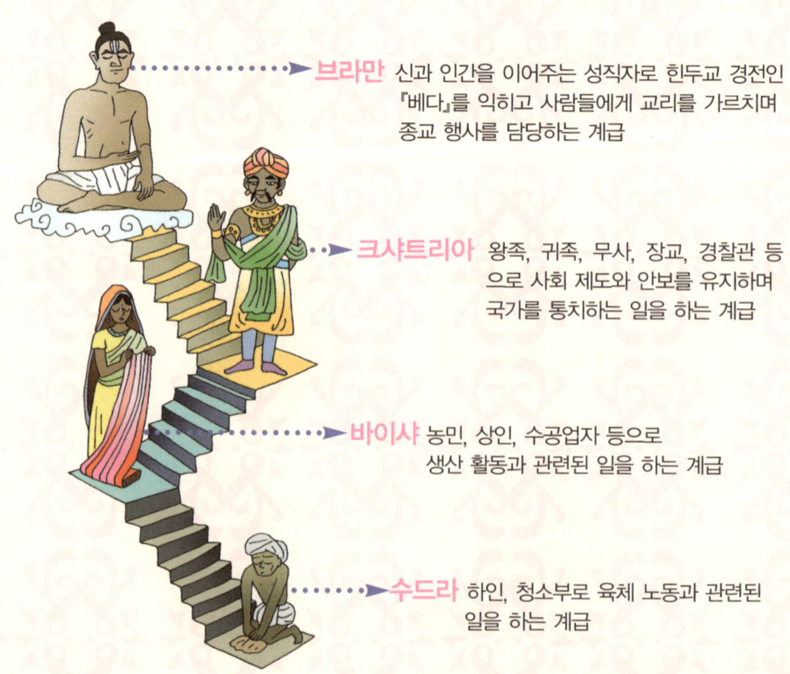

그리고 이 카스트에 속하지 못하는 존재로 '불가촉천민'이
있어. 이들은 보통 사람들이 기피하거나 천하게 생각하는
일을 하며 사회로부터 격리되어 살아가고 있지. 힌두교에서
는 전생에 한 일(업:카르마) 때문에 특정한 카스트로 태어난
다고 믿어. 덕을 많이 쌓았으면 높은 신분으로, 악하게 살았
으면 낮은 신분으로 태어난다는 거지. 그래서 힌두교도들은
주어진 카스트에 순응하며 카스트 제도를 3천5백 년 동안
유지했어. 1955년 인도 정부가 '불가촉천민 차별 금지 법'을

불가촉천민

제정함으로써 카스트 제도는 법
적으로 사라졌지만 여전히 실생
활에서는 남아 있어. 하지만
1995년 인도에서 가장 인구가
많은 우타르프라데시 주의 총리
에 불가촉천민 출신의 여성 정치
인 '쿠마리 마야와티'가 당선되
는 등 현대 인도 사회는 조금씩
변화의 모습을 보이고 있지.

쿠마리 마야와티

●● 힌두교와 이슬람교의 차이점

힌두교는 같은 카스트가 아니면 같이 밥을 먹지 않아. 하지만 이슬람교는
카스트 구분이 없기 때문에 다 함께 밥을 먹어. 또 힌두교도는 육식을 즐

기지 않고 고기를 먹더라도 소는 절대로 먹지 않아. 이슬람교는 육식을 하지만 돼지고기만 안 먹을 뿐이야.

힌두교와 이슬람교는 장례식도 달라. 힌두교는 시신을 태워 강물에 뿌리고 이슬람교는 시신을 훼손하는 것을 큰 죄로 생각해 땅에 묻지.

힌두교와 이슬람교의 차이 간략 정리

힌두교	이슬람교
자연 현상을 숭상 (다신교)	유일신 알라만을 믿음
뚜렷한 교단이나 창시자가 없고, 경전의 종류도 다양함	창시자 : 마호메트(무함마드) 경전 : 『코란』 (알라의 계시를 모은 유일한 경전)
'윤회 사상(삶이 끝나지 않고 계속됨)'과 '업(카르마)'을 믿음	최후의 날(심판과 부활의 날)에 알라를 따른 자들은 천국에 가고 거역한 자들은 지옥에서 고통받을 것이라 믿음
대부분 채식주의자이고, 특히 소고기를 먹지 않음	육식을 허용하지만, 돼지고기는 먹지 않음
죽은 사람은 화장하며 유골을 강물에 뿌림	시신을 상하게 하는 걸 죄악으로 여겨 땅속에 묻음

노빈손과 함께 뚜루뚜루 댄스를

"끄응. 영 개운하지가 않네."

그날 밤, 목욕을 마치고 브라만의 집 앞에 도착한 노빈손은 그렇게 중얼거렸다.

'브라만 님의 초대를 받으셨다면, 꼭, 꼭, 꼭, 반드시 목욕을 하셔야 합니다. 브라만 님은 신을 모시는 분이기 때문에 늘 정결한 음식만 드시고 정결한 것만 보시며 정결한 사람만 만나십니다.'

사람들의 말에 노빈손은 몸을 씻으러 가서는 난생처음으로 보는 독특한 광경에 눈이 휘둥그레졌다.

"헉? 사람들이 전부 옷을 입고 목욕을 하잖아?"

알고 보니 인도의 『마누 법전』에는 알몸으로 목욕을 해서는 안 된다는 구절이 있어 이곳에서는 목욕을 할 때 반드시 옷을 입어야만 했다. 노빈손도 덩달아 옷을 입고 몸을 씻을 수밖에 없었다.

"빨래판으로 써도 될 만한 내 복근을 사람들에게 보여 주고 싶었는데. 안타깝네."

노빈손은 네 겹 주름이 진 자신의 뱃살을 쓰다듬으면서 브라만의 집 안으로 발을 내

마누 법전

『마누 법전』은 BC 200년~AD 200년경에 만들어진 인도 고대의 법전이다. 인도 신화에 나오는 인류의 시조인 마누가 신의 계시를 받아 적어 완성한 『마누 법전』 안에는 인도의 종교, 법률 이외에 종교·도덕·의식에 관한 규율을 포함하고 있다. 고대 인도인들은 일상의 행동부터 결혼 같은 중요한 의례에 이르기까지 『마누 법전』의 규율을 따라 생활했다.

디뎠다. 힌두교의 화려한 석상들이 가득한 브라만의 집 안은 연회 준비로 한창이었다. 노빈손은 신기해서 주변을 두리번거렸다.

"오! 벌써 사람들이 많이 왔네. 그런데 나를 초대한 브라만이라는 분은 어디 계시지?"

노빈손이 브라만을 찾기도 전에 전설의 요기를 알아본 사람들이 노빈손을 에워쌌다.

"요기 님, 요기 님! 이쪽으로 좀 와 주세요."

"오오! 요기 님!"

"으악! 어지러워! 이건 뭐지? 인도식 강강술래인가?"

사람들은 노빈손의 주위를 빙글빙글 돌며, 노빈손의 머리에 연신 꽃을 뿌렸다. 이 힌두교 특유의 경배 의식을 처음 본 노빈손은 어떻게 행동해야 할지 몰랐다.

"요기 님, 요기 님! 삶이란 대체 무엇입니까?"

설상가상으로 사람들은 노빈손에게 어려운 질문들까지 던져 댔다.

"네? 하하하. 아마도 삶은 계란?"

"삶은 계란이라고요? 아, 심오한 말이로다! 삶은, 계란처럼 깨지고 쉽고 연약하다는 뜻인가요, 요기 님?"

노빈손은 자신의 농담을 이해하지 못하는 사람들을 피해 급히 한구석으로 몸을

힌두교도에게 목욕이란?

힌두교도에게 목욕은 단순히 몸을 씻는 행위가 아니라 예법이다. 힌두교도들은 아침마다 강이나 호수 등에서 목욕을 하고 신상에 경배한 뒤에 식사를 하는데 강물에 몸을 적실 때는 반드시 머리를 동쪽으로 두고 예법에 따른 주문을 읊어야 한다. 1년에 몇 번은 영혼을 정화하기 위해 갠지스강에서 목욕해야 한다.

숨겼다. 전설의 요기로 여겨지는 것도 여간 힘든 일이 아니었다.

"에효. 힘들다. 머리도 어지럽고, 아까 너무 먹었더니 졸리기까지 하네."

노빈손은 무겁게 내리 감기는 눈꺼풀을 억지로 뜨려고 애썼다. 그러나 소용없는 일이었다. 곧 노빈손의 눈꺼풀은 중력의 방향을 따라 감겼고, 노빈손은 누가 옆에서 한 대 쳐도 모를 정도로 깊은 잠에 빠져 들었다.

그때 연회장에 브라만이 시종들을 거느리고 나타났다. 사람들은 일시에 소란을 멈췄다.

"흠흠. 많이들 왔군. 어떤가? 화려하고 멋진 연회에 온 소감이?"

브라만은 높은 곳에 서서 연회에 모인 사람들을 내려다보았다. 사람들은 한마디씩 했다.

"역시 브라만 님이 최고십니다."

"브라만 님의 고귀하고 늠름한 자태를 무슨 말로 표현할 수 있을까요? 뵐 때마다 눈이 부십니다."

"브라만 님의 연회에 오면 언제나 행복해집니다."

브라만은 사람들이 자신을 찬양하는 것을 좋아했다. 그래서 사람들은 브라만이 무슨 말만 했다 하면 반사적으로 칭찬부터

**인도 사람들은 강가!
이슬람인들은 대중탕!**

인도의 『마누 법전』에는 '옷을 다 벗고 목욕하지 말라' 는 사항뿐 아니라 '타인이 목욕한 웅덩이에서는 목욕하지 말고 항상 강이나 호수에서 목욕하라' 는 구절도 있다. 항상 흐르는 물로 몸을 씻어야 해서 인도에는 대중탕이 없다. 한편 이슬람교에서도 몸을 청결히 하는 일을 의무로 명시한다. 이슬람 문화권인 터키의 공중 목욕탕 하맘(증기탕)은 외부와 분리된 명상의 장소이다.

하곤 했다. 그러고는 뒤에서 수군거렸다.

"불참했다가는 무슨 봉변을 당하려고."

"연회에 와 봤자 신분에 따라 음식도 다르게 주면서, 치. 저쪽 크샤트리아들은 무얼 먹는 걸까? 궁금하다."

"쉿! 목소리를 낮춰. 브라만이 듣겠어."

쾅!

갑자기 브라만이 나무 탁자를 내리쳤다.

"조용! 내가 오늘 이렇게 그대들을 초대한 것은 우리 암베르의 미래가 걸린 중요한 문제를 말하기 위해서다. 그대들은 지금 우리 라지푸트족의 가장 큰 적이 누구라고 생각하는가?"

갑작스러운 질문에 사람들이 웅성거리기 시작했다. 그러자 브라만은 한층 더 목소리를 높여 연설을 이어 갔다.

"그건 바로 저주스러운 무굴 제국이다! 힌두스탄들이 라지푸타나에 뿌리를 내린 것이 벌써 수천 년 전이다. 이슬람교도는 우리의 평화를 깨뜨리는 파괴자이며 호시탐탐 우리의 생명과 재산을 노리는 침략자이다. 우리 자랑스러운 선조들은 오랫동안 그들과 맞서 싸웠다. 그런데 지금의 현실은 어떠한가?"

브라만은 잠시 말을 멈추고 숨을 골랐다.

"무굴 제국은 야금야금 이 땅을 차지하고 있다. 대체 언제까지 이 현실을 견뎌야 하는가? 우리는 이제 더 이상 그들을 봐줄 수 없다!

힌두스탄의 고귀한 땅을 지키자!"

브라만은 왕방울만 한 침을 튀겨 가며 열변을 토했다. 그러자 모여든 사람들이 조금씩 술렁였다. 군중들 속에 브라만이 미리 심어 둔 자들이 그 분위기를 달구기 위해 추임새를 넣기 시작했다.

"맞습니다. 그들이 계속 이 땅에 있는다면 어디 불안해서 소 한 마리나 제대로 키울 수 있겠습니까?"

"이슬람교도를 깡그리 몰아내야 합니다!"

"몰아내야 합니다! 몰아내야 합니다!"

그곳에 모인 사람들도 동요하기 시작했다. 게다가 그들은 이슬람교도에 대한 뿌리 깊은 원한이 있었다. 또 무굴 제국에 대한 온갖 흉흉한 소문을 다 듣고 있던 터라 사람들의 불안감은 커져만 갔다.

"브라만 님의 말씀이 맞아. 요즘 무굴 제국의 움직임이 심상치 않단 말이야."

"한바탕 전쟁이 끝나서 지금은 잠잠하다고는 하나, 언제 우리를 칠지 알 수 없어."

사람들이 술렁거리는 모습을 보며 브라만은 속으로 미소를 지었다.

'계획대로군. 좋아, 계속 이 분위기를 몰아가야 해. 사람들이 이슬람교와 무굴 제국을 증오한다면 평화 협정 따위는 전부 뜬소리일 뿐이다! 크하하!'

"으음, 뭐지?"

① 자리에 앉을 땐 오른쪽에 주인이 앉고 왼쪽으로 돌아가면서 나이 순서대로 앉는다.
② 식사 전에 반드시 물로 양손을 씻는다.
③ 물을 마실 때 컵을 입에 대지 않고 물을 입 안에 부어 넣는다.
④ 식사 중에 대화 금지. 침이 튈 수 있기 때문이다. 인도인들은 침을 불결하다고 생각한다.

그때, 노빈손이 스르르 눈을 떴다. 주변이 소란스러웠다. 노빈손은 졸린 눈을 비비며 앞을 향해 걸었다. 그러자 사람들이 모두 한 곳에 둥글게 모여 있는 모습이 눈에 들어왔다.

"오잉? 왜 다들 모여 있는 거지? 아, 혹시 댄스 타임? 그렇지, 언제나 파티의 마무리는 댄스 타임이지. 한번 신나게 춤춰 볼까?"

노빈손은 댄스 타임에 늦을까 봐 급히 사람들 쪽으로 다가갔다. 풍류와 가무를 즐길 줄 아는 한민족인 노빈손이 댄스 타임에 빠질쏘냐. 곧 노빈손을 발견한 사람들이 브라만에게서 시선을 돌려 노빈손에게 집중했다.

"오, 요기 님이시다!"

"어디로 사라졌다가 나타나신 거지? 설마 공간 이동?"

브라만도 잠이 덜 깬 얼굴에 침 자국까지 남아 있는 노빈손을 바라보았다.

'저게 전설의 요기라고?'

브라만이 보기에 노빈손은 신이 깜빡 졸다가 뭉갠 것이 틀림없어 보이는 얼굴이었다. 하지만 사람들의 눈에 존경이 가득했으므로 브라만은 차오르는 질투 속에서도 체통을 지키려 애썼다. 그러고는 번뜩 저 전설의 요기를 이용하여 무굴 제국에 대한 증오에 쐐기를 박자는 생각을 하고는 노빈

수드라(노예)를 제외한 한두교도가 지켜야 할 인생의 4단계를 뜻한다.
1기 – 학습기(25세까지) 스승에게 헌신·복종
2기 – 가정생활기(50세까지) 결혼을 하고 자녀를 낳아 가정을 꾸리는 시기
3기 – 은둔기(75세까지) 세상의 집착을 버리고 은둔하며 수행
4기 – 순례기(죽을 때까지) 일정한 거주지가 없이 돌아다니며, 해탈을 찾아 나서는 시기. 이 시기에 힌두교도는 가족과 친구를 떠나 홀로 영혼의 안식처를 찾아 최후의 여행을 떠난다.

46

손을 가까이로 불러들였다.

"아, 요기 님이 오셨군. 내가 요기 님을 초대한 브라만이오. 잠시 단상으로 올라 오시지요."

"엑? 저분이 브라만? 그보다 다짜고짜 중앙 무대로?"

노빈손은 쑥스러운 표정을 지으며 브라만의 곁으로 다가갔다. 그러자 브라만은 노빈손을 향해 낮게 몸을 숙여 귓속말을 했다.

"요기 님, 힌두스탄의 존경받는 요기로서 모쪼록 무굴 제국과 이슬람교의 극악무도함을 성토하는 이야기를 해 주길 바라오. 만약 그렇게만 해 주면 당신의 미래를 보장하겠소."

브라만은 그렇게 말하고는 흡족하게 웃었다. 전설의 요기를 이용하려는 브라만의 의도와 달리, 노빈손은 어떤 춤을 출지 고민하느라 브라만이 무슨 말을 했는지도 알지 못했다.

'아, 여기로 불러낸 건 분명 춤을 추라는 거겠지? 하지만 대체 무슨 춤을 춘담. 나 참, 인도 춤에 대해서는 그것밖에 아는 게 없는데 역시 그걸 춰야 하나?'

"그럼 잠시 요기 님의 말씀을 들어 보지. 다들 경청하게."

브라만의 말에 커다란 박수 소리가 홀 안을 채웠고 노빈손은 상념에서 깨어났다. 노빈손은 머쓱하게 머리를 긁적이고는 어쩔 수 없다는 듯 한 발자국 앞으로 몸을 옮겼다.

"흠흠. 다들 이리도 원하신다면 시작해 보겠습니다."

그렇게 말한 노빈손은 괜스레 헛기침을 한 후, 손을 양옆으로 세우고는 고개를 앞으로 쭉 내미는 요상한 자세를 취했다.

"엉? 저게 뭐지?"

사람들은 노빈손의 기묘한 포즈에 눈이 휘둥그레졌다. 곧 노빈손은 그 자세에서 고개를 좌우로 흔들며, 자신이 알고 있는 유일한 인도풍 멜로디를 흥얼거리기 시작했다.

"뚜루뚜루뚜 뚜루뚜루뚜~뚜루뚜루뚜 따다다~. ♪♬"

노빈손의 특기, 뚜루뚜루 댄스였다. 노빈손은 한국에서 말숙이에게 종종 이 춤을 선보이곤 했었다. 노빈손은 어깨를 양쪽으로 흔들며 능숙하게 스텝을 밟아 나갔다. 그러고는 자기 흥에 취해 고개를 좌우로 바꿔 가며 리듬 속으로 빠져 들었다.

뚜루뚜루뚜루뚜루~뚜루뚜루뚜 따다다~ ♬
산전수전 오지탐험 고생전문 노빈손이
뚜루뚜루뚜 따다다다~ ♪♪
무굴 제국 라지푸타나 암베르에 왔다네
뚜루뚜루뚜~뚜루뚜루 따다다다~

인도에는 아름다운 타지마할도 있고~ ♩
뚜루뚜루뚜루 뚜루뚜루 따다다~
자알~생긴 노빈손도 있으니~ ♬
뚜루뚜루루뚜 따다다다~
샨티샨티~ 어찌 흥 나지 않을쏘냐~ ♪♬
뚜루뚜루 따다다~~

노빈손은 어느새 멋대로 자신만의 가사까지 넣어 뚜루뚜루 댄스에 한껏 몰입했다. 마침내 머리, 팔, 다리가 모두 완벽하게 따로 노는 경지에 이르렀다. 말숙이는 이 몸짓을 그물에 걸린 문어의 몸부림 같다고 표현한 적이 있었다. 그 옆에 서 있던 브라만은 꿈에서도 본 적 없는 이 추악한 풍경에 있는 대로 미간을 구겼다.

'이게 대체! 무슨 짓이람! 아, 눈이 썩는다! 모든 인간 중에 가장 고결하고 신성한 나, 브라만이 이런 광경을 보게 되다니! 당장! 당장 멈추게 해야겠어!'

하지만 사람들이 노빈손의 춤을 가까이 보려고 노빈손 주위로 몰려드는 통에 브라만은 노빈손을 제지할 수가 없었다.

"뭐지? 저 신묘한 움직임은? 저건 대체 무슨 춤이지?"

"아니, 저건 더 이상 춤이라 볼 수 없어. 저건 분명 불 속에서 환생한 요기 님께서 불의 신 아그니와 만나고 계신 거다!"

"뭐? 그렇다면! 따라 춰! 모두 따라 춰!"

그렇게 결론을 내린 사람들은 노빈손과 같이 신의 정기를 느끼기 위해 양손을 들고 고개를 좌우로 흔들며 뚜루뚜루 댄스를 따라하기 시작했다. 그리하여 연회장은 광란의 뚜루뚜루 댄스 파티 현장으로 탈바꿈했다.

불의 신 아그니

아그니는 '불'을 신격화한 고대 인도의 신이다. 예로부터 사람들은 제사를 지낼 때 제물을 불 속에 바쳤기 때문에, 아그니를 하늘의 신에게 제물을 전달하는 신이라고 여겼다. 또한 불은 모든 것을 정화하는 기능을 갖고 있다고 생각해 사람들은 집집마다 제단에서 불의 화신을 섬겼다. 인도 최고의 경전 「리그베다」에서는 하늘의 신 '인드라' 다음으로 많은 찬사가 아그니에게 바쳐진다.

뚜루뚜루뚜~ 뚜루뚜루~ 따다다~ ♪
뚜루뚜루뚜~ 뚜루뚜루~ 따다다~
뚜루뚜루뚜~ 뚜루뚜루~ 따다다~ ♫♪

사람들은 노빈손의 움직임을 따라하려 평소 쓰지 않던 관절까지 움직이며 열심이었다. 덕분에 브라만의 집에서는 '우두두둑' 하는 뼈 꺾이는 소리가 난무했다.

"아이고, 힘들어!"

"신과 만나는 건 역시 보통 일이 아니군!"

"하지만 한판 추고 나니 정말로 마음의 평화가 생기네?"

"브라만의 연회에서 이렇게 즐겁고 행복하게 놀 수 있다니!"

오랜만에 몸을 한껏 움직인 사람들은 땀에 젖은 채로 자리에 주저앉았다. 몸은 힘들었지만 아드레날린과 엔돌핀이 분비되면서 심신의 안정이 찾아오는 듯했다.

"하하하. 그렇죠? 저도 오랜만에 춤을 추니 오장육부가 다 풀리는 기분이네요! 벌

인도의 춤

인도에서 춤은 단순한 유희나 예술의 한 종류가 아니라 사회·종교 의례에서 행하는 숭배 의식이었다. 지역 행사, 결혼식, 추수와 같은 의식이 있을 때마다 무희가 등장했다. 춤은 고귀한 것이기 때문에 춤을 추는 무희들 역시 축복을 내려 주는 존재라 믿었다. 인도에서 전통 춤의 내용은 대부분 힌두 신화와 전설에서 따온 것이 많으며, 특히 신들의 사랑 이야기가 가장 인기 있는 소재다.

써 소화도 다 된 것 같고! 그럼 다시 신나게 먹고 춤을 춰 볼까요? 샨티샨티!"

노빈손은 네 가닥밖에 없는 머리카락이 푸욱 땀에 절어 뺨에 짝 달라붙어 있는 것도 아랑곳하지 않고 유쾌하게 웃으며 다시 음식이 있는 곳으로 향했다.

"오오, 요기 님! 저분의 위장은 우주와 연결되어 있어! 위장으로 무한하고 광활한 우주의 이치를 나타내시는 거야! 샨티샨티~."

사람들은 우르르 노빈손을 따라갔다.

"아, 아니! 잠깐만! 이렇게 즐겁고 흥겨운 분위기가 되면 안 된다고! 어서 다들 이슬람교에 분노하라고!"

브라만이 목청껏 소리쳤지만 사람들은 노빈손을 따라가느라 들은 체도 하지 않았다. 브라만은 노빈손의 반질반질한 뒤통수를 보며 이를 갈았다.

"으~. 오늘 이렇게 중요한 자리에서 요기가 모든 것을 망쳤어! 신의 사제 브라만은 첫눈에 알아봤다. 저자는 전설의 요기가 아니야!"

바르말 왕과 무굴 제국의 황제를 없애기 위한 브라만의 1단계 계획은 뜻하지 않은 노빈손의 등장으로 다 망가져 버렸다. 브라만의 분노는 아그니의 불길보다도 더 세게 치솟아 올랐다.

'샨티'는 힌디어로 '평화'를 뜻한다. 인도인은 '샨티샨티'라는 말을 습관처럼 쓰는데 언제 어느 때나 쓴다. 느긋한 인도 사람들은 음식이 너무 늦게 나온다거나, 버스가 제시간에 도착하지 않아서 관광객이 불평할 때면 "샨티샨티"라고 대답한다. 마음의 평화를 찾으라는 의미이다.

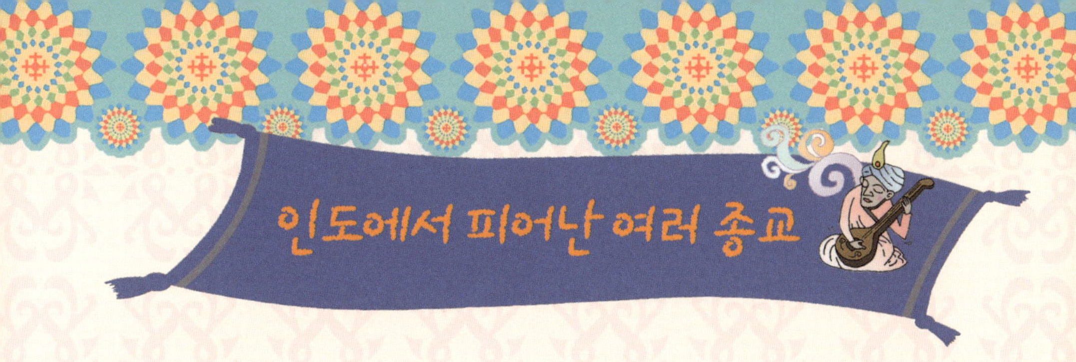

1. 불교

불교의 발생

불교의 창시자 석가모니는 오늘날 인도와 네팔 경계에 있던 샤키아 왕국의 싯다르타 고타마 왕자로 실존 인물이야. 기원전 563년경에 태어나 궁에서 화려한 생활을 했지. 29살이 되었을 때 처음으로 바깥 구경을 하러 궁 밖을 나섰다가 고통으로 가득 찬 세상을 보고 충격에 빠져 왕자의 자리를 버리고 깨달음을 찾아 떠나지. 그는 긴 고행 끝에 삶의 진리를 깨닫고 싯다르타가 아닌 '석가모니(부처)'가 되었단다.

석가모니가 찾아낸 참된 이치는 다음과 같아.

불교의 네 가지 진리

고 **苦** 인생은 고통스럽다.
집 **集** 인생이 고통스러운 원인은 잘못된 욕망에 있다.
멸 **滅** 인생의 고통은 없앨 수 있다.
도 **道** 인생의 고통을 없앨 수 있는 방법에는 여덟 가지가 있다.

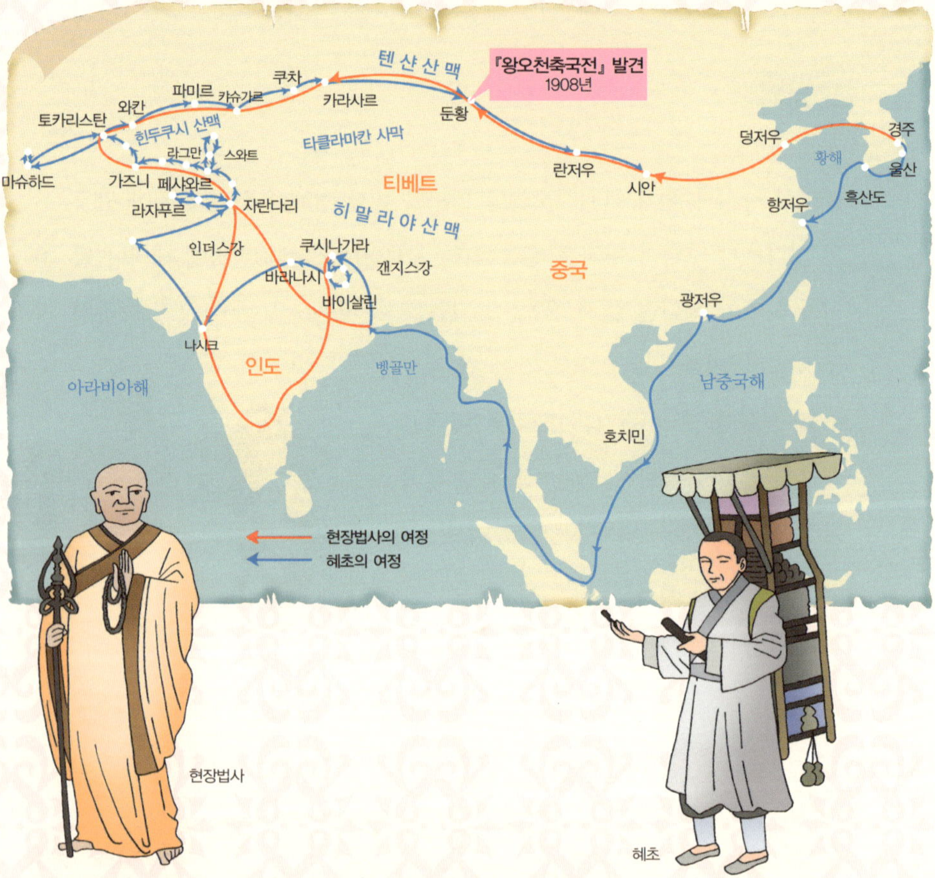

1~10세기에 걸쳐 불교는 인도에서 아시아로 전해졌어. 7세기 중국의 현

장법사는 불교의 참의미를 찾아 인도로 떠나. 17여 년 만에 돌아온 현장법

사는 죽을 때까지 불교 경전을 한문으로 번역하는 일에 매달렸어. 우리나라에서 가장 많이 외는 『반야심경』도 현장법사가 번역한 책이래.

우리나라에서는 8세기, 당나라(중국)에서 유학하던 신라의 승려 혜초가 인도로 향했지. 혜초는 인도에 8년 동안 머물면서 기행문 『왕오천축국전』을 썼어. 고대 인도의 오천축국을 답사한 내용의 『왕오천축국전』은 당시 인도의 종교와 풍속, 문화 전반에 관해 기록돼 있어. 『왕오천축국전』은 8세기 인도와 중앙아시아에 대해 현재 남아 있는 유일한 기록이야.

2. 자이나교

번뇌를 이긴 승자의 가르침이란 뜻인 자이나교는 기원전 6세기 마하비라(위대한 자)가 창시한 종교야. 창조신을 믿지 않는 자이나교도들은 삶의 괴로움에서 벗어나기 위해서 다섯 가지 규율을 지켜야 해. 첫째, 살생을 하지 않고 둘째, 거짓말하지 않고 셋째, 도둑질하지 말고 넷째, 쾌락을 추구하지 말고 다섯째, 모든 집착을 버리는 것이야. 특히 살생을 하지 않는 것을 최고의 교리로 여겨 벌레 한 마리도 죽이지 않으려고 해. 말할 때도 입으로 작은 곤충을 먹을까 봐 마스크를 쓰고 다닌대. 그래서 자이나교도들은 상업을 직업으로 삼는 경우가 많아. 또 자이나교는 금욕과 고행을 통해 영혼의 순결함을 회복한다고 믿는단다.

마하비라

3. 시크교

시크교는 유일신을 믿으며 모든 종교 의식을 비판해. 15세기에 나나크가 만든 종교로 지도자를 '구루'라 하고 제자들을 '시크'로 불러서 시크교라고 하지. 수염을 기르고 터번을 쓴 것이 시크교도의 특징이야. 시크교의 교리는 '~하지 마라'는 금지보다는 '~하라'는 청유문으로 써 있어. 사랑의 실천을 강조하는 시크교는 카스트 차별을 반대하며 카스트의 구분 없이 모여 음식을 나눠 먹는 공동 무료 식당을 만들었어.

성실한 노동과 금욕 생활을 강조하는 교리 때문에 인도의 부자 중에는 시크교 신자가 많다고 해.

시크교 사원인 황금 사원 앞에서 연주하는 시크교도들

2장
무굴 명탐정 노빈손, 선지의 비밀

누가 그 소를 죽였는가?

"아, 배고프다. 말숙이는 점심 먹었을까? 물론 두 그릇 정도는 기본으로 먹었을 거야. 나도 저 마을에 가서 먹을 것 좀 얻어야겠다."

브라만의 집에서 광란의 댄스를 선보인 이후 노빈손은 더욱 더 전설의 요기로서의 입지가 굳어져 사람들의 환대를 받았다. 하지만 순간 이동을 보여 달라는 등 갈수록 사람들의 기대가 커지자 하는 수 없이 길을 떠났다. 그래도 해 본 가락이라고 가는 곳마다 전설의 요기로 행세하면서 다니던 차였다.

"아, 암베르에서 서쪽으로 길을 떠난 지도 어언 보름째. 이렇게 심심하기는 처음이야."

브라만 가는 곳에 성사가 간다

브라만은 '성사'라는 명주실로 된 끈을 몸에 걸치고 다닌다. 이것은 힌두교도 중 소수만 착용할 수 있는 것으로 '성사'를 했다는 것은 어머니 뱃속에서 한 번 태어난 이후 종교 의례를 통해 다시 태어났다는 의미를 가진다. 브라만은 성사에 더러운 것이 묻지 않도록 늘 조심해야 하며 볼일을 볼 때는 이 성사를 귀에 걸친다.

그런데 마을 입구에 들어서자마자 커다란 비명 소리가 노빈손의 귓가를 비집고 들어왔다.

"살려 주십시오! 저는 정말로 죄가 없습니다!"

노빈손은 급히 소리의 근원지로 발걸음을 옮겼다. 노빈손이 도착한 곳에는 수많은 사람들이 무언가를 구경하려는 듯 모여 있었고 그 가운데는 구질구질한 옷차림의 남자가 성사를 걸친 인물의 발아래 엎드려 있었다. 성사를 보니 이 마을을 다스리는 브라만인 듯했다.

'무슨 일이지?'

성사를 걸친 남자는 하늘을 찌를 듯한 오만한 표정으로 발밑의 남자를 바라보았다. 그러고는 그 남자에게 벼락 같은 호통을 쳤다.

"네 이놈. 네놈이 어제 힌두교의 상징과도 같은 우리의 신성한 암소를 죽인 것을 감히 부인하는 것이냐? 네가 어제 소를 죽이는 것을 본 증인도 여기 있지 않느냐!"

"물론입니다, 촌장님. 어젯밤 제가 저놈이 삽으로 소를 쳐서 죽이는 것을 똑똑히 봤습니다."

옆에 서 있던 남자가 나섰다. 그러자 범인으로 지목된 남자는 울먹이기 시작했다.

"아닙니다. 저는 정말로 아닙니다. 억울합니다. 저는 어제 암소의 근처에도 가지 않았습니다."

남자는 그렇게 말하면서 촌장의 옷깃을 잡았다. 그러자 촌장은 마치 전염병이라도 옮는다는 듯, 얼굴이 붉으락 푸르락하면서 길길이 날뛰기 시작했다.

"흐어어억! 네 이놈! 어디 그 더러운 손으로 내 몸에 손을 대는 것이냐! 당장 놓아라! 아니지. 이런 짓을 할 자는 소를 먹는 이슬람교도밖에 없다. 네놈은 이슬람교도

이슬람의 판사, 카디는 누구?

카디는 이슬람교의 재판관으로서 이슬람 종교법에 정통한 사람을 말한다. 이슬람교에서는 종교법에 관련한 재판관과 속세, 즉 일반적인 사건에 대한 재판관이 따로 존재한다. 하지만 이슬람교는 일상생활의 모든 면을 두루 아우르는 종교이기 때문에 딱히 종교와 생활이 분리되지 않는다. 그래서 일상생활에서 발생하는 다양한 문제에 대해서도 '카디'가 관여한다. 무굴 제국에도 카디가 있었다. 무굴 제국은 카디를 궁중뿐만 아니라 마을에도 두었고 그들에게 사법 권한을 주기도 했다.

가 분명하다. 여행객이라고 재워 주고 먹여 줬더니 우리의 암소를 죽여?"

이윽고 촌장은 둘러선 마을 사람들을 바라보았다.

"여러분, 여기 이자는 우리의 어머니인 소를 죽였습니다. 이자를 어떻게 해야 할까요?"

마을 사람들은 분노에 찼다.

"더러운 이슬람교도! 시바 신의 헌신이자 우리의 어머니인 소를 죽이다니!"

"사형! 사형시킵시다!"

소를 죽이는 것은 힌두교에서 가장 큰 금기 중의 하나였다. 마을 사람들은 발을 동동 구르며 화를 삭이지 못했다.

그러자 촌장이 말했다.

"어서 화형대를 준비하도록! 신의 이름으로 사형을 집행하겠다."

노빈손은 화들짝 놀라서 중얼거렸다.

"바로 사형시키는 거야? 저 사람은 저렇게 억울해하는데? 이건 아니잖아."

휘청~.

누군가 노빈손의 등을 세차게 밀었다. 그 바람에 노빈손은 앞으로 튀어 나가 촌장 앞에 서고 말았다.

"뭐냐, 너는? 아니! 당신은 마을마다 돌아다니며 깨달음을 전파한다는, 머리카락이 네 가닥밖에 없는 전설의 요기?"

마을 사람들이 놀라 노빈손을 주목했다.

"요기 님이 갑자기 왜 나타나신 거지?"

"무슨 말씀을 하시려나?"

촌장이 노빈손에게 말했다.

"요기 님, 무슨 하실 말씀이라도?"

"네? 아, 그게, 그게 말이죠……."

노빈손은 이왕 이렇게 된 거 범인으로 몰린 사람의 억울함을 풀어야겠다고 결심했다.

"흠흠. 제가 이 사건에 대해 좀 의문이 있어서요. 촌장님, 저분이 정말로 소를 죽였다고 확신하시나요?"

"소가 죽은 사건 말입니까? 네, 이 사건의 범인은 저 여행자가 틀림없습니다. 어제 두 명의 여행자가 와서 이 마을에 머물렀는데 오늘 아침에 소가 죽은 것이 발견된 이후로 한 명은 도망가고 한 명만 남았다니까요. 분명히 둘이 삽으로 소를 죽였고 한 명은 내뺀 것이 분명해요. 또 버젓한 증인이 있는데 무슨 소리이십니까?"

촌장은 마을 사람들에게 흘끗 눈을 돌렸다. 그러자 모두들 동의한다는 듯 고개를 격렬히 끄덕였다. 하지만 범인으로 지목된 남자는 노빈손을 간절한 눈빛으로 바라보았다.

"아닙니다, 요기 님. 저는 억울합니다. 저는 삽으로 소를 죽이기는커녕, 삽을 잡지

소의 모든 것을 소중히!

인도에서는 소뿐만 아니라 소와 관련된 모든 것을 신성시한다. 그 중에서도 특히 소똥과 소 오줌은 특효가 있다고 믿는다. 인도 사람들은 집 담벼락에 소똥을 발라 놓아서 부정을 막는다. 또 우물이 오염되었을 때는 소 오줌을 넣으면 정화된다고 믿는다.

도 않았습니다. 정말입니다. 살려 주십시오. 요기 님! 알라의 이름으로 맹세합니다.”

마을 사람들은 다시 수군댔다.

“정말 이슬람교도가 맞나 봐. 어쩐지 행동하는 게 이상하더라니.”

“가뜩이나 무굴 제국 때문에 불안해 죽겠는데 이슬람교도라니! 시기도 절묘하지 않아? 수상해.”

“맞아. 그런데 말이야, 저 사람을 죽이면 무굴 제국이 그걸 빌미로 쳐들어오지 않을까?”

하지만 노빈손은 남자의 진실한 눈동자를 보며 이 사건에는 무언가 숨겨진 것이 있음을 확신했다. 노빈손은 촌장을 향해 이렇게 요청했다.

“촌장님, 그러지 마시고 제게 조금만 시간을 주세요. 증인 한 사람의 이야기만 듣고 죄를 선고할 수는 없죠. 게다가 어둠 속에서 증인이 본 사람이 저 사람이라고 무조건 확신할 수 있을까요? 만약 이 사람이 정말로 결백하면 어쩌시겠습니까? 설마 이 마을을 다스리는 촌장님은 죄 없는 사람이 벌을 받기를 바라시는 건 아니겠죠? 그리고 마을 분들도 그걸 바라시는 건 아니죠?”

“그렇지만 요기 님, 저자는 이슬람…….”

인도에서 소를 죽인다면 어떻게 될까?

인도에서는 오늘날까지 소를 죽이는 것을 큰 범죄로 생각한다. 인도에서 소를 죽인다면 벌금을 물거나 심할 경우 감옥에 갈 수도 있다. 인도의 수도인 뉴델리에서는 차를 운전하다가 사고로 소를 죽여도 처벌을 받는다. 그러나 소를 도축하는 것은 허용한다. 인도에는 이슬람교를 비롯하여 소를 먹는 것을 허용하는 사람들이 많이 살고 있기 때문에 정부의 허가를 받고 소를 도축하는 것은 가능하다.

"흠, 이슬람교도든 힌두스탄이든 모두 평등하게 재판을 받을 권리가 있어요. 안 그런가요? 그리고 평화와 사랑과 조화는 힌두교의 가르침이기도 할 텐데요, 촌장님?"

촌장은 노빈손의 '그쵸? 그쵸?' 하는 눈빛 공격에 "윽" 하는 소리를 내고는 자기도 모르게 몸을 부르르 떨었다. 애교 눈빛은 문어 머리와 정말이지 안 어울렸다. 하지만 조금 떨어진 거리에서 두 사람을 지켜보는 마을 사람들에게는 촌장이 노빈손에게 압도당하는 것처럼 보였다.

"역시 전설의 요기 님. 촌장님이 설득당했어."

"요기 님이 우리의 불안감을 다 해결해 주시려나 봐."

"그래, 요기 님의 말씀도 들어 보자."

촌장은 분위기가 노빈손에게 유리하게 흘러가는 것을 느끼고는 하는 수 없이 말했다.

"좋습니다. 정 그렇게 원하신다면 하루의 시간을 드리죠. 하지만 만약 요기 님께서 내일 정오까지 저자의 무고함을 밝혀 내지 못하실 경우, 요기 님도 그 책임을 함께 지셔야 할 겁니다. 어떻습니까?"

그러자 노빈손은 망설임 없이 고개를 끄덕였다.

"물론이죠, 이 노빈… 아니 저 요기가 이 살인… 아니 살우(牛) 사건의 진상을 반드시 파헤칠 겁니다!"

말 없는 증인을 찾아라

"마을 사람들의 말로는 소가 죽은 장소가 이 근처인데……."

탐정으로 변한 노빈손은 사건 현장을 찾아 나섰지만 세 시간째 같은 곳을 헤매고 있었다.

"도대체 길을 못 찾겠어, 길을. 어쩌지?"

어리벙벙한 노빈손의 등을 누군가가 톡톡 건드렸다. 노빈손은 발걸음을 멈추고 천천히 뒤를 돌아보았다.

"으악!"

노빈손은 그만 소리를 지르고 말았다. 오색의 천으로 온몸을 감싼 우람한 여자가 눈만 내놓고 있었기 때문이었다. 근육미 넘치는 여자가 사리를 입으니 기괴한 분위기를 풍겼다. 하지만 어딘가 익숙한 느낌이 들었다.

"혹시 당신이 아까 날 밀었어요?"

아가씨는 고개를 끄덕였다. 그러고는 손가락을 들어 왼쪽을 가리켰다.

노빈손이 눈으로 그 방향을 좇았다.

"앗! 피! 피다! 찾았다! 여기가 바로 사건 현장이야!"

노빈손은 조심스럽게 그 근처로 다가갔

마을별 종교 분포

이슬람 국가인 파키스탄과 접해 있는 인도 북부는 이슬람 신자가 많고 불교 왕국인 티베트와 인접한 카슈미르 지역에는 불교 신자가 많다. 또 잠무·카슈미르 아래 지방인 펀자브 지방에는 시크교의 도시 암리차르가 있어 시크교 신자가 많다. 인도의 대부분의 도시에는 힌두교 인구가 압도적으로 많지만 여러 종교를 가진 사람들도 함께 모여 산다.

다. 그러고는 땅에 떨어져 있는 소의 피를 유심히 바라보았다.

"이렇게 많은 양의 피를 흘렸다면 소를 죽인 무기인 삽에도 피가 흥건히 묻었겠군. 흠 그렇다면……."

노빈손은 핏자국을 따라 걷기 시작했다. 노빈손의 예상대로 핏자국은 우물가에서 끊겨 있었다.

"크으, 셜록 홈즈 뺨도 후려칠 추리력! 역시 범인은 저기서 소를 죽인 후에, 여기서 삽에 묻은 피를 씻고는 집으로 돌아간 거야!"

노빈손은 확신하며 크게 고개를 끄덕였다. 하지만 자화자찬의 시간은 너무도 짧았다.

"추리력이 뛰어나면 뭘 하나. 여긴 지문 인식기도 없고 아무런 분석 도구도 없는데……. 어떻게 범인을 찾지?"

노빈손은 수심 깊은 표정으로 주위를 둘러보았다. 그러나 발자국 하나 남아 있지 않았다.

"가련한 소가 삽에 맞아 죽었는데, 여기서 삽질만 하고 있을 순 없지. 일단 탐문 수색이라도 해 보자! 이봐요, 아가씨?"

노빈손은 사건 현장을 알려 준 건장한 아가씨에게 다시 도움을 얻고자 고개를 돌렸지만 아가씨는 어느새 연기처럼 사라지고 없었다.

"네? 아무것도 보거나 들은 게 없다고요?"

노빈손은 살우 사건이 일어난 주변의 집들을 일일이 찾아다니기 시작했다. 그러나 사람들은 노빈손의 질문에 모두 고개를 가로저을 뿐이었다.

"사람의 말소리 혹은 발자국 소리나 소의 울음 같은 게 들리지 않았나요? 분명 큰 소리가 났을 텐데……."

"아뇨. 요 며칠은 모래바람이 심하게 불어서 바람 소리 때문에 아무것도 들리질 않았어요. 아침에서야 그런 끔찍한 일이 벌어진 걸 알았죠."

결국 노빈손은 아무런 단서도 찾지 못하고 탐문을 중단해야 했다. 거리에는 벌써 어스름이 내려앉고 있었다.

"용의주도한 범인이로세. 분명 모래바람이 심하게 분다는 걸 이용해서 그런 짓을 저지른 거야. 하루 종일 돌아다녔는데 아무것도 건진 게 없네. 증거는커녕 증인 한 명 없는데 내일 정오까지 이 사건을 해결할 수 있을까?"

노빈손은 한숨을 내쉬며 터벅터벅 사건 현장 쪽으로 걸었다. 불현
듯이 머릿속에 한 가지 생각이 스쳐 지나갔다.

"어? 그런데 분명 어젯밤은 모래바람이 심하게 불었다고 했지? 그
래서 사람들은 모두 집 밖으로 나가질 않았고. 그런데도 그 증인이
라는 사람은 모래바람을 뚫고 밖에 나갔던 거지? 무엇을 하러? 이
상한데?"

쿵쿵. 자신의 발냄새보다 더 수상한 냄새를 맡은 노빈손은 소의
피 앞에 쪼그리고 앉았다. 그러나 심증만 있을 뿐 도통 해결 방법이

생각나지 않았다. 그때 노빈손의 귓가에 어디선가 이상한 소리가 들려왔다.

웽~ 웽~ 웽~ 웽~.

"어? 이게 무슨 소리지?"

노빈손은 급히 소리가 이끄는 대로 걸음을 옮겼다. 그러자 피가 가장 많이 말라붙은 곳에 무언가가 잔뜩 달라붙어 있는 광경이 눈 안으로 들어왔다.

"에엥, 이건?"

노빈손은 한참 동안 그것을 유심히 바라보다가 모래와 물을 가져다가 한참을 쓸고 닦고 덮어 땅의 핏자국을 다 없앴다.

"그래도 파리가 날아오잖아? 이거 어쩌면!"

노빈손은 마침내 해결했다는 기쁨에 환호성을 지르고 머리가 노을에 닿을 듯 크게 점프를 했다.

"그래, 이거야! 찾았다! 증인을 찾았어! 그래, 이 증인을 이용해서 소를 죽인 무기를 찾아내면 돼! 얏호!"

**재판을 받는 데 37년이나
걸린다고?**

인도는 세계에서 재판 절차 기간이 가장 오래 걸리는 나라이다. 형사 재판은 최종심에서 재판이 종결되기까지 5~10년이 걸리고 민사 재판은 20~25년이 걸린다. 심지어 37년 동안 재판을 받지 못한 경우도 있었다. 인도에서 재판 절차가 오래 걸리는 이유는 예산 부족, 인력난 때문이다. 인도가 독립된 이래 법관의 숫자는 크게 늘지 않았지만, 재판 건수는 해마다 늘어나고 있기 때문에 인도 사회에서 재판을 받기란 하늘에서 별따기보다 어렵다.

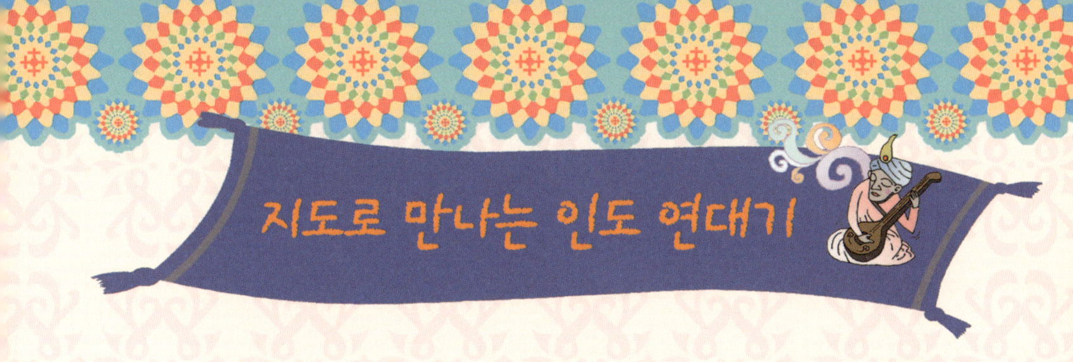

1. 인도 역사의 시작, 인더스 문명

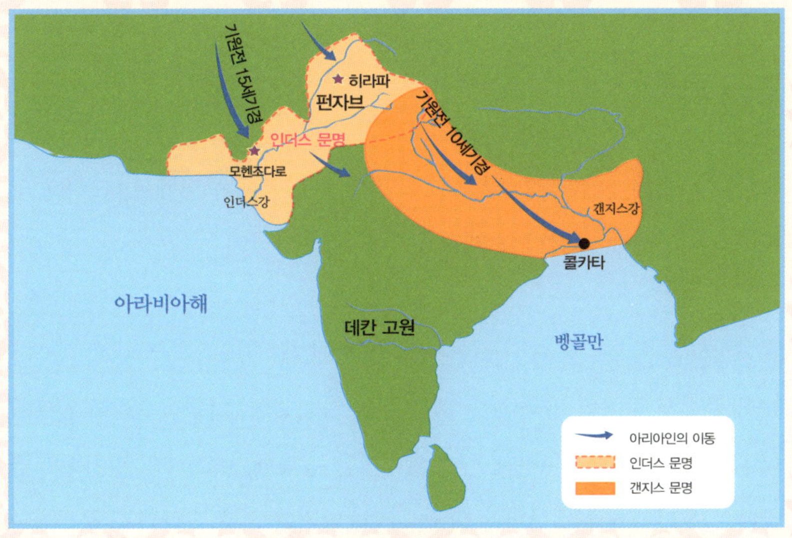

인더스 문명과 아리아인의 이동

기원전 3000년 인더스강 유역에서 농경 문화가 시작됐어. 사람들은 비옥한 땅에 농사를 짓고 가축을 기르며 촌락을 이루고 살았어. 또한 목화를 재배하고 양을 키워 면화와 양털로 옷을 해 입었지. 자신만의 언어를 사용하고 여러 신을 믿는 종교를 만들어 문명화된 도시를 갖춰 나갔어. 이를 인더스 문명이라 불러. 번성하던 인더스 문명은 기원전 1500년경, 중앙아시아의 유목민이었던 아리아인의 침입으로 무너지고 말아.

2. 인도 역사의 토대, 16국 시대

아리아인은 인도에 와서 유목 생활을 벗어나 농경 생활에 적응했어. 아리아인은 철제 도구를 이용해 인도 북동부의 밀림을 농경지로 개간하지. 아리아인이 갠지스강 쪽으로 세력을 확장하면서 갠지스 문명이 발전해.

아리아인의 잦은 영토 정복 전쟁으로 무사 계급이 성장했어. 농경지가 늘어나고 산업이 발전하자 상인 세력이 성장해 사회 구조도 복잡해졌지. 마침내 왕이 다스리는 왕국들이 생겨났어.

왕국들 가운데 힘이 약한 왕국은 주변의 큰 왕국에 통합됐어. 그러다 앙가, 마가다, 카시, 코살라, 브리지 등의 16국이 남았어.

3. 최초의 통일 국가, 마우리아 왕조

16국 중에서 마가다 왕국이 그 세력을 더욱 키웠어. 기원전 327년 알렉산더 대왕은 인더스강 유역과 펀자브 지방을 점령해. 마가다의 왕자 찬드라굽타 마우리아가 알렉산더가 회군하면서 남겨둔 그리스 군대를 물리치고 북쪽의 경계를 확고히 했지. 또한 알렉산더 대왕의 원정으로 힘이 약해진

아소카

인더스강 주변의 도시 국가를 흡수하면서 남인도를 제외한 전 인도를 통일해 마우리아 왕조를 세우지. 마우리아 왕조 4대 왕인 아소카는 마우리아 왕조에 저항했던 칼링가 왕국까지 정복하고 마우리아 왕국의 전성기를 이룩해. 하지만 구심점이었던 아소카가 죽자 마우리아 왕조는 급속히 몰락했어.

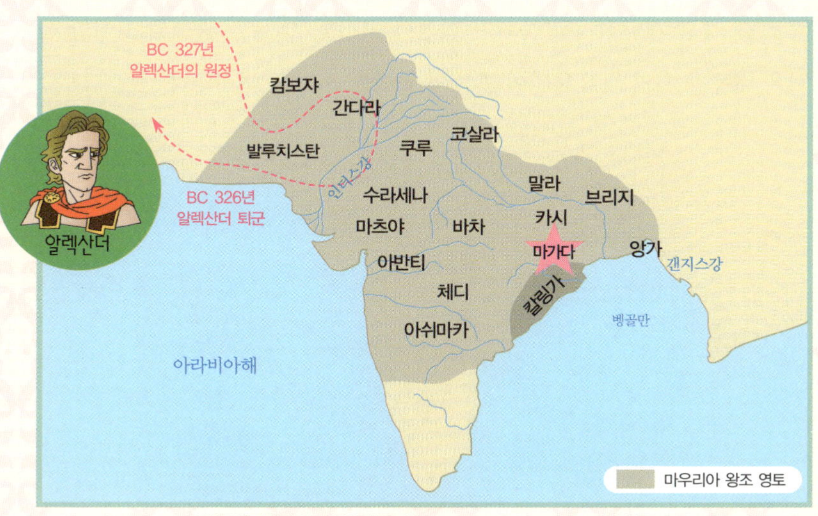

16국의 위치와 마우리아 왕조(BC 317~BC 180년)의 영토

4. 문예의 번성기, 굽타 왕조

마우리아 왕조에서 분열된 작은 왕조 중에 세력을 키운 건 굽타 왕조야. 320년경 찬드라굽타 1세가 북인도 대부분을 점령하면서 굽타 왕조의 기반을 닦아. 5세기 초 찬드라굽타 2세는 결혼 정책으로 굽타 왕조의 세력을 확대하고 해상 무역을 발전시켰어. 굽타 왕조는 문예 부흥에도 힘썼어. 인도 최고의 작가인 깔리다사를 궁정 시인으로 발탁하고 세계 최초의 불교 대학인 '날란다 대학'을 세웠지. 중국의 불교 승려 법현이 방문하고 이집트 사신이 왕래하는 등 인도의 역대

찬드라굽타 1세

찬드라굽타 2세

왕조 중 가장 개방적이고 문화가 번성한 시기였어. 굽타 왕조의 화려한 시
절은 내몽골 지역의 유목민인 훈족의 침입으로 막을 내린단다.

굽타 왕조(AD 320~606년)

5. 이슬람 세력의 도래

12세기에 아프가니스탄 지역에서 터키계의 구르 왕조가 일어나 인도로 쳐
들어 왔어. 그런데 인도를 통치하려던 구르 왕조의 술탄이 갑자기 죽자 구
르 왕조의 장군 쿠트브 웃딘 아이바크가 스스로 왕이 되어 델리를 수도로
이슬람 왕국(노예 왕조)을 세웠어.

그 뒤 델리에는 할지 왕조, 투글라크 왕조 등 여러 왕조가 나타났지. 하지
만 인도 전체에 영향력을 미치진 못했어. 그러다가 16세기에 마침내 무굴
제국이 등장해.

진짜 범인은 바로 너!

"이봐! 요기 님이 지금 소를 죽인 범인을 밝혀낸다고 하시네!"

"뭐? 당장 가 보자고!"

다음 날 정오.

사람들은 해야 할 일도 버려 둔 채 노빈손이 있는 광장으로 몰려 들기 시작했다. 그곳에는 마을 사람들로부터 거두어들인 삽들이 햇 빛 아래 줄지어 있었다. 사람들은 그 광경을 보며 어리둥절한 표정 을 지었다.

이윽고 "크흠" 하는 기침 소리와 함께 촌장이 등장했다.

"요기 님, 약속한 시간입니다. 범인은 찾아내셨겠지요?"

"물론이죠."

노빈손은 그렇게 말하며 끌려온 이슬람교도를 흘끗 바라보았다.

'아저씨, 곧 구해 드릴게요.'

노빈손은 다부진 눈빛을 보냈다.

"그러면 누가 범인입니까? 삽들이 말을 하는 것도 아닐 텐데 어떻 게 범인을 찾으셨다는 건지 정말 궁금하군요. 으하하하."

촌장은 노빈손을 빈정댔다. 하지만 노빈손은 씨익 웃어 보이며 응 수했다.

"삽이 증인을 데리고 올 겁니다. 누가 범인인지 말해 줄!"

"푸하하, 뭐라고요?"

노빈손의 말에 촌장과 마을 사람들은 박장대소했다. 시간이 얼마나 흘렀을까? 노빈손은 손을 들어 일렬로 늘어놓은 삽들 중에 하나를 가리켰다.

"여러분! 저기 있는 저 삽의 주인이 바로 범인입니다!"

"뭐? 그런 말도 안 되는! 무턱대고 저 삽의 주인이 범인이라니! 증거가 뭐요?"

노빈손은 차분히 말을 이어 나갔다.

"이 삽을 유심히 보세요. 다른 삽들과 다른 점이 있지 않나요?"

곧 마을 사람들은 어제 노빈손이 들었던 소리와 마주하게 되었다.

웽~ 웽~ 웽~ 웽~ 웽.

"엥? 웬 파리가 이 삽에만 이렇게나 많이?"

노빈손의 지목한 삽에는 다른 삽보다 엄청난 파리 떼가 웽웽대며 몰려들었다. 노빈손은 그 파리 떼를 가리키며 외쳤다.

"바로 파리들이 이 사건의 증인입니다!"

"에에? 이게 대체 무슨 소리야? 파리가 증언을 한다고?"

사람들은 노빈손에 말에 놀라 노빈손을 바라보았다. 그러자 노빈손은 의기양양하게 사건의 비밀을 설명하기 시작했다.

"파리는 이 세상에서 가장 후각이 뛰어난 벌레입니다. 파리의 후각은 무려 2킬로미

파리는 이미 범인을 알고 있다?

법의학은 '범죄 현장에 남은 흔적을 과학 지식으로 이를 해결하는 학문'이다. 이중에서도 '법의곤충학'은 곤충의 생태를 이용해 사망 시간 등을 밝혀낸다. 특히 파리는 가장 먼저 시체에 꼬이는 곤충이다. 때문에 파리의 번식 상태를 통해 사망 시간을 밝힐 수 있다. 비록 일상생활에서는 불청객 취급을 받는 파리지만, 법의곤충학에서는 꼭 필요한 존재이다.

터 밖에서도 먹이의 냄새를 감지하죠. 그렇게 후각이 뛰어난 파리가
가장 좋아하는 게 뭘까요? 그건 바로 선지국, 아니 피죠! 어제 사건
현장에 가 보니 그곳에 남겨진 소의 피에도 수많은 파리 떼들이 몰
려들었더군요."

노빈손은 몰려든 파리 떼를 흘끗 바라보았다.

"어제 저는 파리들을 시험해 보기 위해서, 그곳에 남은 핏자국을
모두 닦아 보았습니다. 하지만 파리 떼는 여전히 그 주변을 맴돌더
군요. 피를 닦아 내어 인간의 눈에는 보이지 않는다 해도, 파리의 후
각은 속일 수가 없다는 뜻이죠. 그러니까 이렇게 많은 파리가 몰려
들었다는 건 바로 이 삽에 소의 피가 묻어
있었다는 증거입니다. 그리고!"

노빈손은 거기까지 말한 후 획 하고 뒤돌
아서서 한 명의 남자를 가리켰다.

"이 삽의 주인인 당신! 당신이 바로 어젯
밤 소를 살해한 진짜 범인이지?"

"윽!"

사람들은 모두 놀란 얼굴로 범인으로 지
목된 남자를 바라보았다.

그는 바로 여행자가 소를 죽였다 증언한
남자였다. 남자는 노빈손의 손짓에 전기에
감전된 것처럼 몸을 움찔했다.

"어쩐지 모래바람이 부는 날 밤에 굳이

인도의 변호사

인도에서도 재판을 할 때 변호사
를 선임한다. 인도의 변호사는 보
통 5년의 법학 대학 과정과 1년의
실습을 거친다. 변호사가 하는 일
은 우리나라처럼 세분화되어 있는
데 회계 상담을 전문으로 하는 변
호사도 있고 법정 변론 전문 변호
사도 있다. 보통 법정에 출입하는
변호사들은 명함에 'Attorney'라는
표시를 한다. 인도의 변호사 선임
비는 대부분의 인도인에게는 버거
운 금액이어서 억울한 일을 당해
도 변호사를 선임하지 못하는 일
이 많다.

밖에 나가서 사건을 목격한 게 이상했어! 진짜 범인은 바로 당신이야!"

노빈손의 말이 끝나기 무섭게 사람들은 분노로 들끓었다.

"에잇, 나쁜 놈! 소를 죽인 것으로도 모자라 그 죄를 다른 사람한테 뒤집어씌우다니!

"시바 신에게 천벌을 받을 놈이다!"

남자는 급히 촌장을 바라보며 눈빛으로 호소했다.

'촌장님, 저는 촌장님이 시키는 대로 했을 뿐인데!'

하지만 촌장은 고개를 돌렸다. 그러자 남자는 슬슬 뒷걸음질을 치다가 쏜살같이 도망쳐 버렸다.

한편 암베르의 브라만은 부하의 보고를 듣고 자기가 세운 계획 2단계를 요기인지 요강인지가 망쳤다는 것을 알았다.

"뭐? 실패했다고?"

"갑자기 사형 직전에 전설의 요기가 나타나는 바람에……."

"뭐야? 내 연설을 망친 그놈이? 그거 하나 계획대로 딱딱 처리 못해? 그 요기는 대체 언제 그 마을까지 흘러간 거야? 그 여행자를 사형시키고 이슬람교도가 소를 죽였다는 소문을 퍼뜨려야 사람들이 제대로 이슬람교도를 증오할 텐데!"

"어쩔 수 없었습니다. 죽은 소를 끌어다가 삽으로 쳐서 죽인 것처럼 했는데 전설의 요기가 그 사실을 모두 밝히는 바람에……. 하지만 브라만 님이 시킨 일이라는 것은 들키지 않았습니다. 증언을 했던 사내는 그 자리에서 도망쳤습니다.”

“이미 죽었다고 해도 신성한 소의 몸에 상처를 내서까지 꾸민 완벽한 계획이었는데 그걸 실패했단 말이냐!”

“미행을 붙였으니 기회가 또 있을 겁니다.”

“명심해라. 나 브라만은 두 번의 실패를 용납할 수 없다. 그 여행자들을 처리하기 전에 먼저 전설의 요기부터 없애라. 그대로 놔뒀다간 내 계획을 모두 망쳐 버릴 것만 같은 불길한 예감이 든단 말이야. 방해꾼을 먼저 없애.”

“네, 알겠습니다.”

눈 가리고 당한 봉변

“고맙습니다, 요기 님.”

노빈손은 누명을 썼던 여행자와 동행하기로 했다. 여행자의 보따리에 마을 사람들이 미안하다며 챙겨 준 음식과 노잣돈이 넉넉해 보였기 때문이 아니었다. 단지 혼자 여행하기에 심심했을 뿐이었다.

“별말씀을요. 근데 이름이 뭔가요? 저는 대한민국 대표 미남 노빈손이라고 해요.”

“대한민국이라는 곳에서는 당신 같은 사람이 미남인가 보군요. 저도 무굴 제국에서는 꿇리지 않습니다만. 저는 아불파즐입니다.”

"그나저나 일행이 있었다던데 찾으셔야죠?"

"아, 저기 계시네요."

노빈손은 깜짝 놀랐다. 자기에게 길을 가르쳐 줬던 기괴한 차림의 건장한 아가씨가 다시 나타난 것이다. 아니, 그 아가씨는 남자였다. 청년은 사리를 벗어 던지고 수수한 복장을 하고 있었지만 어딘가 귀티가 흘렀다. 눈빛은 날카로웠고, 낮은 목소리에서는 감출 수 없는 어린아이 같은 호기심이 묻어 나왔다.

"아불파즐! 내가 얼마나 애를 태웠는지 아나?"

"그래서 혼자만 도망치셨죠."

"그 험악한 분위기에 나설 수 있나? 대신 이분을 내보내지 않았나? 범상치 않은 분이 자네가 억울한 것 같다고 혼잣말을 하기에 내가 등을 살포시 밀었지."

"말씀이라도 못하시면!"

노빈손은 어리둥절해서 물었다.

"도대체 이분은 누구신가요?"

"아불파즐을 구해 준 요기에게만 내 정체를 밝히지. 난 잘림 루딘 무함마드. 무굴 제국의 세 번째 황제다."

잘림 루딘 무함마드라고? 노빈손은 영문 모를 표정으로 남자를 보다가 곧 딱하다는 듯이 혀를 끌끌 찼다.

"쯧쯧, 저기요, 아저씨. 제가 무굴 제국에

아불파즐

아불파즐은 악바르 대제의 절친한 친구이자 조언자였다. 그는 1574년에 악바르의 궁전에 들어갔다고 전해지는데, 훗날 이슬람 역사에 가장 위대한 정치적 이론가로 평가된다. 아불파즐은 그리스의 플라톤 사상의 영향을 받아, 지혜와 재능을 갖춘 '철인'에 의한 통치를 이상적이라고 보았다. 뛰어난 역사가였던 아불파즐은 악바르의 명을 받고 악바르의 전기이자 역사서인 『악바르나마』를 썼다.

대해 잘 몰라도 무굴 제국의 세 번째 황제가 누군지는 알 거든요. 악바르 대제잖아요. 그쪽이 악바르 대제라고요? 왕자병은 21세기까지도 치료약이 개발되지 않은 불치병인데 어쩌다 황제병까지……."

악바르는 이후에 무함마드가 스스로에게 붙인 일종의 호이며, 악바르 황제의 본명이 잘람 루딘 무함마드라는 것을 알 리 없는 노빈손이었다. 무함마드는 자신을 놀리는 말에도 신경 쓰지 않고 혼자만의 생각에 잠겼다.

"악바르? 위대한 자라……. 괜찮은 이름인걸. 나한테 딱이야."

그러자 아불파즐은 그런 둘을 보며 못 말린다는 듯 고개를 가로저으며 말했다.

"얼른 자리 펴죠? 곧 밤이 올 테니까."

세 사람은 황량한 벌판에 모닥불을 피우고는 마을 사람들이 챙겨준 음식으로 간단한 식사를 했다. 노빈손은 음식을 우물거리며, 무함마드와 아불파즐에게 목적지를 물었다.

"엥? 지금 암베르로 가고 있다고요? 여기는 암베르에서 서쪽으로 한참 떨어진 곳인데 어쩌다 여기까지 오셨어요?"

아불파즐은 긴 한숨을 내쉬었다.

"폐하께서 감으로 찾으시겠다며 길도 묻지 않고 헤매다가요. 여비도 다 떨어져 타고 오던 낙타도 팔아 버리고 말았죠."

그러자 무함마드는 아불파즐을 슬쩍 흘겨본 후 말을 돌렸다.

"지난 이야기는 뭐 하러 꺼내고 그러나. 그보다 노빈손이라고 했지? 라지푸타나를 이리저리 여행한 것 같은데……. 혹시 '히와쿤와리'라는 여인을 알고 있나?"

"히와쿤와리요? 들어 본 것도 같은데……."

노빈손이 암베르에 있을 때 그런 이름을 들은 것도 같았다. 하지만 기억을 더듬기도 전에 노빈손의 아랫배가 수상한 반응을 보이기 시작했다.

"윽, 나올 것 같아. 으으, 잠깐만요!"

"되도록 멀리 가서 볼일을 보도록! 여기서 자야 하니까 냄새 나면 안 돼."

노빈손은 알겠다는 듯 고개를 끄덕이고 벌떡 일어났다.

"아참! 뒤처리를 어떻게 하지? 인도에서는 볼일을 볼 때도 순서가 있는데 말이야."

노빈손은 이곳에서 배운 '볼일 보는 순서'를 머릿속으로 떠올려 보았다.

이곳 사람들은 침이나 똥처럼 생명이 있는 것에서 나온 분비물이 사람을 더럽게 한다고 믿었다. 그래서 볼일을 볼 때도 배설물을 보는 것은 무척 불경한 행위였다.

노빈손은 두 사람으로부터 최대한 멀리 떨어져서 쪼그려 앉았다.

"로마에 와서는 로마법을, 아니 인도에 왔으니 인도법을 따라야 하지만, 으으! 나오기 일보 직전이니 안 지켜도 되겠지. 눈만 대충 가리자. 물도 없으니 풀로 처리하고."

노빈손은 눈을 대충 가리고 기합을 뱉으며 아랫배에 집중했다.

"끄응~ 끄~ 끄으으응~!"

그러자 구수한 향기가 밭을 가득 메웠고, 노빈손이 눈이 가려져 있는 채로 더듬더듬 주변의 풀을 뜯는 그 순간!

노빈손의 귓가에 낯선 목소리가 들렸다.

"윽, 냄새 한번 고약한 놈이군. 얼마나 지독한지 숨어 있다가 질식사할 뻔했네."

"그러게 말이야. 어서 해치워 버리자고."

노빈손의 귓가에 맴도는 목소리의 주인들은 투덜거리며 노빈손의 어깨를 턱 하니 잡았다. 아직 눈이 가려진 채로 쭈그려 앉아 있던 노빈손은 당황했다.

"누… 누구세요?"

"네놈의 똥 냄새에 코가 마비될 것 같은 사람이다."

"왜 이러세요? 밭에 거름 주는 좋은 일을 하고 있는 건데……. 제법 감미롭지 않나요?"

"뭐? 감미 같은 소리 하네! 한마디만 더 하면 네놈을 그 거름에 주 저앉혀 버릴 테다."

남자들은 노빈손의 어깨를 쥔 손에 더 힘을 주었다. 노빈손은 아 연실색했다.

"으아아아아악! 제발… 그것만은……."

"흥, 그래. 얌전히 있으라고. 어차피 넌 곧 죽을 목숨이니."

"제가 죽는다고요! 그게 무슨 소리예요? 안 돼!"

노빈손은 앞이 보이지 않은 채로 몸부림을 치기 시작했다. 하지만 남자들은 코웃음을 한번 치더니, 노빈손을 번쩍 들고 어디론가 향하 기 시작했다.

"브라만 님, 명하신 대로 행했습니다. 놈을 모래 폭풍이 부는 사막 에 던져 놓고 왔으니, 바람에 쓸려가 고통스럽게 죽을 것입니다."

암베르로 돌아온 부하의 보고 에 브라만은 십 년 묵은 변비가 해결된 듯한 웃음을 지었다.

"그래, 요기라고 설치더니 꼴 좋 다! 사사건건 나를 방해하고도 멀쩡할 줄 알았다면 오산이지. 으하하하하!"

화통한 웃음도 잠시, 브라만은 다시 정색한 얼 굴로 돌아와 부하를 바라보았다.

"자, 이제 무굴 황제의 차례다. 방해꾼도 사라졌으니

속히 처리해라."

　아직은 속 편한 웃음을 지을 때가 아니다. 이제 가장 큰 문제 하나만 처리하면 된다. 브라만은 눈을 번뜩였다. 무굴 황제 잘림 루딘 무함마드. 브라만의 다음 목표는 바로 그였다.

앉아서 소변 보는 남자

모든 인도인이 눈을 가리고 볼일을 보는 것은 아니지만 높은 신분인 브라만은 특히 철저하게 눈을 가리고 볼일을 보았다. 또한 자신의 배설물을 보지 않기 위해 인도에서는 남자도 앉아서 소변을 본다. 인도의 남자들은 서서 소변을 보지 않고, 엉덩이를 사람이 지나가는 쪽으로 두고 얼굴은 벽이나 숲 쪽을 향해 앉아서 소변을 본다.

한편 무굴 황제와 그의 충직한 신하는 아침에 일어나서야 노빈손이 사라진 것을 알았다. 노빈손의 흔적을 어느 곳에서도 찾을 수가 없었던 두 사람은 노빈손이 신비한 전설의 요기답게 홀연히 사라진 것으로 결론 내리고는 여정을 계속하기로 했다.

"히와쿤와리… 히와쿤와리… 히와쿤와리. 으음, 히와… 악!"

무함마드는 노빈손은 어느새 잊고 히와쿤와리를 생각했다. 그러다 돌부리를 보지 못하고 그만 넘어지고 말았다.

"앗! 폐하. 괜찮으십니까?"

"그녀는 잘 있을까?"

무함마드는 길을 걸을 때도 밥을 먹을 때도 잘 때도 히와쿤와리가 계속 눈앞에 아른거렸다. 무굴 제국 최고의 얼짱 황제라 불리며 수많은 여인들의 사랑을 받아 온 그였지만 이런 기분은 처음이었기에 마음이 진정되질 않았다. 하지만 그가 그녀에 대해 아는 것이라고는 '히와쿤와리'라는 이름뿐이었다.

무함마드는 주먹을 꽉 쥐었다.

'라지푸타나를 다 뒤져서라도 찾아내고 말겠어. 그러기 위해서는 먼저 암베르에서 평화 협정을 이루어 내야 할 텐데……'

그의 선조인 바부르는 델리에 무굴 제국을 세우고 라지푸타나 정복에 힘을 다했다. 이슬람교를 퍼뜨리기 위해서라도 전쟁

현대 인도의 미녀 기준은?

인도 사회에서 대대로 미녀는 인도 신화 속에 나오는 여신들을 닮은 풍만한 몸매에 두툼한 입술을 가진 여인이었다. 그러나 현대 사회에 접어들자 서양의 영향을 받아 인도 미인의 기준도 많이 변하고 있다. 현대의 인도인은 흰 피부에, 이목구비가 뚜렷한 마른 몸매의 미녀를 선호한다.

을 불사해야 하지만 무함마드는 굳이 그러고 싶지 않았다.

'전쟁을 하지 않고도 라지푸타나를 무굴 제국에 흡수할 방법이 있을 거야.'

"다행히 다치신 곳은 없군요. 근데 암베르 가는 길은 계속 안 물어보실 건가요?"

"내가 단순히 암베르만 가기 위해 라지푸타나에 들어왔다고 생각해? 난 이슬람교도와 힌두스탄이 평화롭게 함께 살아갈 수 있는 길을 찾고 싶어. 이렇게 헤매는 건 힌두스탄이 어떻게 살아가고 무엇을 원하는지를 잘 살펴보려고 하는 거야."

무함마드는 다시 발걸음을 옮겼다. 아불파즐은 체념한 듯 옆에서 묵묵히 걸었다. 무함마드는 무굴 제국과 라지푸트족의 합일을 고민하려고 했으나 어느새 히와쿤와리 생각만이 머릿속에 가득 찼다.

'히와쿤와리! 그대는 왜 이토록 내 머릿속에서 떠나질 않는단 말이오! 그대를 볼 수 없는 나는 이 세상에서 가장 불쌍한 인간이구려!'

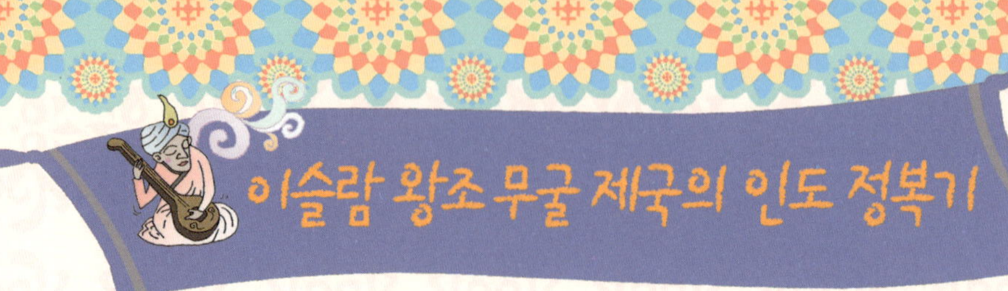

이슬람 왕조 무굴 제국의 인도 정복기

무굴 제국은 16세기 초에서 19세기 중반까지 인도를 다스렸어. 그 전까지 델리에 머물러 있었던 다른 이슬람 왕조들과는 달리 인도 땅의 대부분을 차지하지. 그럼 무굴 제국을 대표하는 황제들을 만나 볼까?

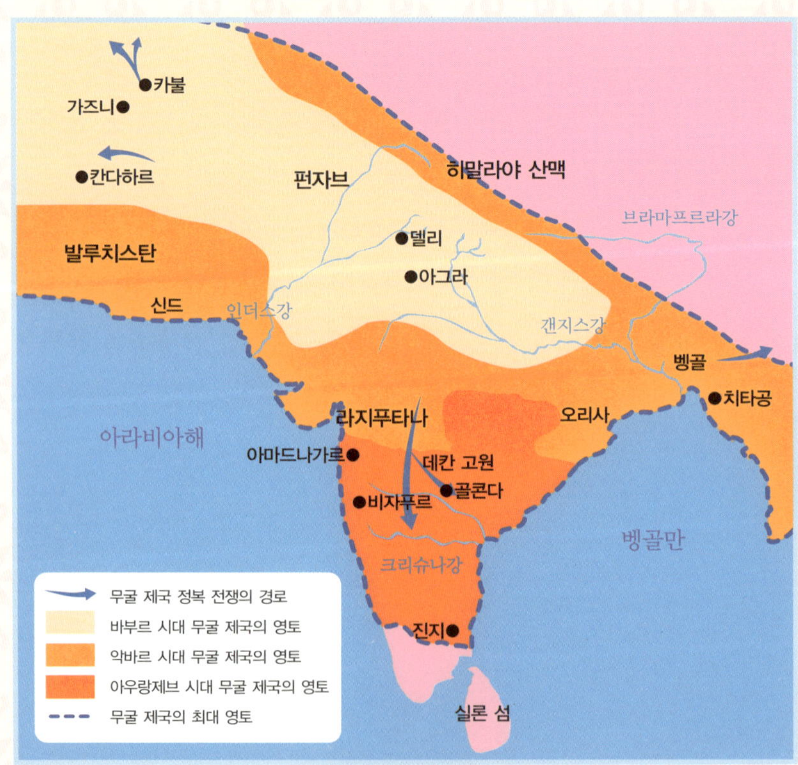

무굴 제국의 영토 확장

중앙아시아의 작은 왕국 페르가나의 왕이었던 바부르는 12살에 왕위에 올랐지만 권력 다툼에서 왕좌를 빼앗기고 말아. 1504년 바부르는 중앙아시아 무역의 요충지였던 카불(현재 아프가니스탄의 수도)을 차지한 후 인도의 펀자브 지역을 점령해서 세력을 키워. 1526년 바부르는 델리와 아그라를 차지해 무굴 제국을 세우지. 뛰어난 군사 능력을 가졌던 바부르는 문학적인 군주이기도 했어. 그는 페르시아어로 시를 썼고 자신의 자서전을 남기기도 했지.

무굴 제국 1대 황제 **바부르**
(재위 기간 1526~1530년)

무굴 제국 역사상 최고의 현군인 악바르는 자신의 권력 기반을 다지기 위해 라지푸타나의 바르말 왕과 혼인 동맹을 맺고 라지푸트 족을 등용해 힌두교도와 공존을 꾀했어. 악바르는 라지푸타나와 벵골 지역을 차례로 정복해 북인도 대부분을 무굴 제국으로 흡수했지. 악바르는 다른 종교인에게 거두는 성지순례세인 지즈야를 폐지하는 한편 왕권을 강화해 무굴 제국을 안정시켰지. 또 악바르는 강한 왕이자 호기심 많은 왕이었어. 여러 사람의 말을

무굴 제국 3대 황제 **악바르**
(재위 기간 1556~1605년)

듣기를 즐겼고 밤에도 공놀이를 할 수 있도록 형광 물질을 바른 공을 발명하기도 했단다.

● 무굴 제국의 예술을 꽃피우다_ 샤자한

악바르의 손자인 샤자한은 무굴 제국의 황금기를 이뤘어. 제일 먼저 무굴 제국의 영향이 닿지 않던 데칸 지역의 왕국들을 정복했고 그 결과 비자푸르, 콜콘다 지역을 차지하지. 샤자한은 모든 예술 분야에서 이슬람 양식을 충실하게 따르기를 강조했어. 건축에 관심이 많아 아그라 성을 재건축하고 델리 성을 비롯한 무굴 제국의 대표적인 건축물을 만든단다. 인도의 얼굴인 '타지마할'도 샤자한이 부인 뭄타즈마할을 그리워하며 만든 묘지야.

무굴 제국 5대 황제 **샤자한**
(재위 기간 1628~1657년)

뭄타즈마할

● 무리한 정복 전쟁으로 분열을 조장하다_ 아우랑제브

샤자한의 셋째 아들 아우랑제브는 잔인한 왕위쟁탈전을 벌여 왕위에 올랐어. 원래 장남인 다라슈코흐가 샤자한의 후계자로 지목됐으나 삼남인 아우랑제브가 차례로 형제를 제거하고 끝내는 아버지인 샤자한을 아그라

성에 가둔 뒤 무굴 제국을 지배했어. 아우랑제브는 무굴 제국을 완벽한 이슬람 왕국으로 만들기 위해 힌두교를 비롯한 이교도의 사원을 파괴했고 악바르가 폐지했던 성지순례세(지즈야)를 부활시켜 그 이전보다 가혹한 세금을 거두었어. 노골적으로 이교도들에게 반감을 보이며 이슬람교로 개종을 강요했고 시크교의 정신적 스승을 공개 처형했어. 아우랑제브는 유능한 행정과 뛰어난 전략으로 이전 무굴 제국 때보다 더 넓은 영토를 차지했지만 사람들의 신임은 얻지 못했지. 아우랑제브의 치세 말기에는 이교도의 반란까지 일어나 무굴 제국은 몰락하기 시작한단다.

무굴 제국 6대 황제 **아우랑제브**
(재위 기간 1658~1707년)

3장

불가촉천민, 노빈손

바다를 건너온 자

"이보게, 이보게!"

노빈손은 자신을 부르는 낯선 목소리에 희미하게 눈을 떴다. 볼일을 보다가 사막에 던져져 모래 폭풍에 휩쓸린 노빈손은 자신이 살아 있는지조차 확신할 수가 없었다. 온몸에 기운이라고는 하나도 남아 있지 않았고 의식도 몽롱했다.

"으음. 여기가 어디지?"

노빈손은 힘겹게 눈꺼풀을 들어올리고 사람들이 자신을 둘러싼 채 내려다보고 있다는 것을 깨달았다.

"오, 드디어 정신을 차렸군."

"이보게, 괜찮은가?"

노빈손은 자신이 살아 있다는 것을 느꼈다. 아마 폭풍에 휩쓸려 라지푸타나의 다른 마을로 휩쓸려 온 모양이었다. 노빈손은 겨우 고개를 끄덕였다.

"네, 구해 주셔서 감사합니다."

"허허. 거참. 바람에 사람이 실려 올 줄이야. 그것도 죽지 않은 채로! 자네, 천운을 타고났군. 자네는 대체 어디서 왔나?"

"아, 저는 저 동방의 나라 대한민국이라

기네스북에 올라간 은항아리

바다를 건너면 카스트(세습 신분)가 없어진다는 것은 옛 인도인의 믿음이다. 영국 왕세자 에드워드 7세의 대관식에 참석하기 위해 배를 타야 했던 자이푸르 왕국의 마호싱 2세는 거대한 은항아리에 갠지스 강물을 담아 가져 갔다. 신성한 갠지스 강물로 자신의 카스트를 보호하려 했던 것이다. 이 은항아리의 크기가 얼마나 컸던지 세계에서 가장 큰 항아리로 기네스북에 올라가 있다.

고, 저 멀리 바다 건너에 있는 나라에서 왔어요.”

그러자 인자한 표정을 짓고 있던 사람들의 얼굴이 갑자기 경악으로 물들었다.

“뭐? 바다를 건너왔다고? 세상에!”

“이럴 수가! 우리가 지금 불가촉천민을 만진 거야?”

사람들은 경멸하는 표정으로 노빈손을 바라보았다. 그러고는 바로 노빈손의 곁을 떠났다.

“에엥? 뭐지?”

순식간에 홀로 남은 노빈손은 어리둥절했다. 바다를 건너게 되면 자신이 소유한 신분이 없어진다는 것이 인도인들의 오랜 믿음임을 노빈손을 알지 못했다.

“똥 누다가 납치당해서 똥 치우는 일을 하게 되다니!”

며칠 후, 노빈손은 코끼리 똥을 치우면서 탄식했다. 하루아침에 존경받는 요기에서 불가촉천민이 된 노빈손은 며칠째 제대로 자지도 씻지도 못하고 있었다.

“어이, 꿍얼대지 말고, 제대로 일해!”

관리자는 노빈손과 다른 불가촉천민들에게 소리를 질렀다. 불가촉천민은 카스트 제도의 네 가지 신분 안에 들지 못하는 최

불가촉천민의 직업들

불가촉천민은 현재 인도 사회에서 인구의 15%를 차지하며 약 1억 5천만 명 정도로 추정된다. 불가촉천민들이 하는 일은 다음과 같다. 죽은 소를 처리하고 가죽을 다루는 ‘차마르’, 오물과 쓰레기를 치우는 ‘방기’, 화장터에서 일하는 ‘돔’, 남의 옷을 세탁하는 ‘도비’이다. 이 직업들은 인도 사회에서 모두 불결하다고 여기는 일이다.

하층의 존재여서 노빈손도 사람들이 기피하는 일밖에 할 수 있는 것이 없었다. 노빈손은 하루 종일 코끼리의 몸을 닦아 주고 코끼리의 똥을 치우는 일을 하며 근근이 끼니를 이었다. 노빈손은 코끼리 똥을 주워 담으며 이렇게 중얼거렸다.

"휴우! 암베르로 돌아가고 싶어! 말숙아, 살려 줘!"

수수께끼 같은 마주침

"폐하! 무함마드 님! 아이고, 이 인간이 또 어디 간 거야!"

아불파즐은 하루 종일 사방팔방 온 거리를 헤집고 있었다. 왕자 시절부터 어디로 튈지 예측할 수 없었던 그의 주군은 또 어디론가 증발해 버렸다. 아불파즐은 자신이 신하인지 아니면 미아 찾기 전문가인지 도통 구분할 수가 없었다.

"어제는 뜬구름 위를 걷는 것처럼 멍하니 다니더니 오늘은 아침부터 말 한마디 없이 어디로 사라진 거야? 아, 정말 긴장감이라고는 눈곱만큼도 없다니까! 폐하! 무함마드 님! 이 인간 내가 찾기만 해 봐라!"

"아이고, 배고프다. 코끼리들의 무다리를 오래 보고 있었더니, 무라도 먹고 싶어지네."

점심시간 후, 휴식을 취하던 노빈손은 투덜거리며 널부러졌다. 그러자 같이 일을 하는 남자아이가 가볍게 웃었다.

"방금 점심 먹었으면서 무슨 소리야?"

"그건 내 위장에 내려가기도 전에 사라졌다고. 월급 한푼 안 주고 부려먹으면서, 밥조차 깨알만큼 주다니. 이건 정말 용납할 수가 없어. 넌 안 그래? 정말 아무 불만도 없어? 이렇게나 고생하는데……."

"그렇지만 그건 다 우리가 전생에 죄를 많이 졌기 때문이야. 다 우리의 업인 거지. 그러니 누굴 원망하겠어. 이렇게 살아가는 수밖에 없지."

남자아이는 이미 체념한 듯 보였다. 순간 노빈손은 마음 한편이 짠하게 아파 왔다. 이곳에서 불가촉천민으로 살아간다는 것이 얼마나 힘든 일인지 노빈손도 잠깐의 경험으로나마 알 수 있었다. 사람들은 불가촉천민과 좀처럼 말을 섞지 않았고, 보기만 해도 더러운 기운이 전염된다며 가까이 오려 하지도 않았다. 노빈손은 우울한 기분이 들어 시선을 돌렸다.

"어, 저건 뭐지?"

노빈손은 사람들이 길게 줄을 서 있는 모습을 발견했다. 그러자 남자아이는 "아하"

코끼리 똥으로 종이를 만든다?

태국 북부 람팡 지역에서는 코끼리 똥을 이용해서 실제로 종이를 만들고 있다. 코끼리의 배설물에는 종이를 만들 수 있는 섬유질이 상당히 많이 포함되어 있기 때문에, 코끼리 똥을 모아 씻은 다음 섬유질을 분리하여 종이로 가공한다. 코끼리 한 마리의 하루 배설량은 200kg 정도인데, 코끼리 한 마리의 하루 대변 양이면 115장 정도의 큰 종이를 충분히 만들어 낼 수 있다고 한다.

하고 작은 소리를 냈다.

"넌 외국인이라 잘 모르나 보구나. 저건 성지에 가려는 사람들이야. 우리는 우리의 신을 만나기 위해 성지를 찾거든."

"아, 성지! 갠지스강 같은 곳 말이지? 갠지스강이라면 나도 봤지."

노빈손은 어깨를 으쓱했다. 노빈손은 인도인의 모든 것이자 인도의 영혼이라는 갠지스강을 TV에서 다큐멘터리로 본 적이

96

있었다. 그러자 남자아이는 엄청나게 놀란 얼굴을 했다.

"뭐? 갠지스강을 봤다고? 갠지스강을 보려면 많은 세금을 내야 하는데 네가 어떻게?"

"아니, 뭐… 직접 본 건 아니지만. 그런데 세금을 내야 한다고? 아니, 어째서?"

"갠지스강은 지금 무굴 제국이 다스리고 있거든. 힌두교도들은 성지를 방문할 때 무굴에 많은 세금을 내야 해. 그게 무굴의 법이야. 그나마 세 번째 황제에 와서 정책이 조금 부드러워지긴 했지만, 돈이 없으면 여전히 불가능하지. 갠지스강에 몸을 씻고 화장되어 강물에 뿌려지면 모든 업이 사라질 거고 고통도 끝날 텐데. 내 평생 그 근처라도 가 볼 수 있을런지."

남자아이는 그렇게 말하고는 총총 일터로 사라졌다.

"아니, 그게 말이 돼? 악바르 대제는 무굴 제국에서 가장 현명한 왕이라고 들었는데 미화된 거였군! 치사한 왕 같으니!"

노빈손은 흥분하면 목소리가 무한대로 커지는 탓에, 일제히 사람들의 시선이 노빈손에게 꽂혔다. 그때 누군가가 노빈손의 곁으로 다가왔다.

"누가 대낮에 고성방가를 하나 봤는데 자

이슬람 왕국의 세금, 지즈야

지즈야는 이슬람 왕국에서 이슬람교도가 아닌 타종교 시민에게 부과하는 세금을 뜻한다. 지즈야는 이슬람 통치자의 입장에서 다른 종교를 가진 시민이 국가의 국민으로서 법을 따르고 충성을 맹세한다는 증거가 되었다. 다른 종교를 가진 시민들은 지즈야를 내고 자신의 신앙과 자치적인 생활권을 보장받았으며 외부의 공격으로부터 보호받을 수 있었다. 무굴 제국도 지즈야를 힌두교도에게 징수했는데 악바르는 지즈야를 폐지하여, 다른 종교에 대한 관용을 보였다.

네였군? 여기서 만나다니! 반갑군. 하하~.”

낯익은 목소리에 노빈손은 고개를 들었다.

“황제병 환자! 아니 무함마드?”

이런 곳에서 무함마드를 만나다니 믿기지 않았다. 무함마드는 한 번 고개를 끄덕여 반가움을 표시했다.

“어디로 사라졌던 겐가? 아불파즐과 내가 얼마나 찾았다고.”

“말하자면 눈물 없이 들을 수 없는 이야기예요.”

노빈손도 왈칵 반가움을 느꼈다. 아불파즐은 씨익 미소를 지으며 노빈손을 바라보았다.

“그나저나 자네 정말 성지순례세를 걷는 게 치사하다고 생각하나?”

“물론이죠. 힌두교도들에게 자신의 신을 만나러 가는 건 무척이나 중요한 일이에요. 그걸 이용해 장사하는 거니까 아주 얍삽해요.”

무함마드는 그 말에도 일리가 있다는 듯 작게 고개를 끄덕였다. 하지만 조심스럽게 반박했다.

“그렇지만 무굴 제국에서도 어쩔 수 없는 부분이 있지 않겠어? 이 거대한 나라를 다스리려면 세금이 필요하니까 말이야.”

“거대한 나라를 다스리는 데 필요한 건

또 다른 괄시 대상, 아디바시

인도에는 불가촉천민과 더불어 멸시와 배척을 받는 또 다른 집단이 있다. 이들은 인도의 부족민이자 토착민인 아디바시이다. 아디바시들은 사냥과 채집, 농사를 하며 부족을 이루어 살고 있었지만, 영국이 인도를 식민지 삼으면서 이들이 살던 땅을 모두 빼앗아 국영지로 바꿔 버렸다. 이러한 정책은 인도가 영국으로부터 독립한 이후에도 계속 유지되어, 아디바시들은 자신들의 터전을 잃고 인도인들로부터 동물과 같은 존재로 취급받고 있다.

돈이 아니라 덕이에요. 힌두스탄에게 덕을 베풀지 않으면, 힌두스탄은 계속해서 이슬람과 무굴 제국을 미워할 테고 이슬람교도와 힌두스탄 사이에 평화는 영원히 찾아오지 않겠죠. 돈을 얻고 평화를 잃으면 무슨 소용이죠?"

그 말에 무함마드는 속으로 적잖이 놀랐다. 이곳 백성들이 어떻게 살아가는가, 나는 어떻게 해야 힌두스탄의 백성들을 잘 다스릴 수 있는가를 노빈손이 깨우쳐 준 것이었다.

"그 말을 진짜 무굴 제국 황제 앞에서도 할 수 있겠나?"

"물론이죠. 만날 수만 있으면 백 번이라도 해요! 그치만 전 이만 일하러 가 봐야겠어요. 늦게 가면 같이 일하는 남자애가 혼나요. 그럼 또 봐요. 다음에 마을 외곽에 있는 코끼리 우리로 오세요."

노빈손은 몸을 일으켰다. 노빈손의 뒷모습을 보던 무함마드의 얼굴엔 웃음이 퍼졌다.

'후후. 감히 황제에게 오라 가라 하다니! 알수록 재미있는 인물이야. 곁에 두고 싶군.'

노빈손에게 주어진 임무

"이거 왜 이래요! 놔요!"

"이놈! 불가촉천민 주제에 공동 우물을 사용하다니! 간이 배 밖으로 나온 놈이군."

목이 말라 우물을 찾아갔던 노빈손은 물 한 모금 들이켜기도 전에 영문도 모른 채 사람들에 의해 어디론가 끌려갔다. 불가촉천민은 마을 우물을 쓰면 안 된다는 것을 노빈손이 몰랐던 까닭이었다.

"으악!"

노빈손은 재판관 앞에 내동댕이쳐졌다. 그러나 재판관은 노빈손을 거들떠보지도 않고 무언가를 골똘히 생각 중이었다.

'빨리 제사를 지내야 하는데, 아리아라따 이놈은 대체 뭘하는 거야? 사람을 보내도 묵묵부답이고. 더 이상 제사를 미루면 신께서 노하실 텐데……. 아이고, 골이야!'

"여기 죄인을 데려왔습니다. 이놈이 불가 촉천민 주제에 공동 우물을 마셔 우물물을 더럽혔지 뭡니까."

그 말에 재판관은 별로 알고 싶지 않다는

불가시천민도 있었다

불가촉천민도 있지만 눈에 보이는 것조차 금지된 '불가시천민'도 존재한다. 불가시천민은 길을 가다가 멀리서 자기보다 높은 계급의 사람이 걸어오는 것을 보면 길 옆으로 숨어 자신의 모습이 그 사람에게 보이는 것을 피해야만 했다. 마을로 들어갈 때는 딱딱 소리를 내서 불가시천민이 오고 있음을 알렸다. 불가촉천민과 불가시천민은 마을의 우물을 사용할 수 없었고 사람들로부터 철저히 분리된 삶을 살아야만 했다.

듯 손을 휘휘 내저으며 무성의하게 대답했다.

"됐다. 귀찮으니까 사형."

그러자 노빈손의 얼굴이 경악으로 물들었다.

"아니 물 한 모금 마신 죄로 사형이라니! 이건 너무해요!"

"닥쳐라 이놈! 불가촉천민 주제에 법관 앞에서 말대답을 하다니!"

"저는 법 없이도 사는 양심적인 시민인데 사형이라니! 물 한 모금
에 저를 이렇게 물 먹이실 수는 없어요. 뭐라도 할 테니까 사형만은
제발~!"

노빈손은 자신을 끌고 가려는 부하들의 바짓가랑이를 붙들고 늘
어졌다. 그런데도 재판관은 여전히 노빈손에게 눈길을 주지 않았다.

그때 재판관의 귓가에 속삭이는 소리가
들렸다.

"골치 아픈 일을 저 죄인에게 맡겨 보는
게 어떨까?"

재판관은 옳거니 하며 이마를 딱 쳤다.
그리고 그 말을 해 준 사람을 찾았으나 재
판관 주변에는 아무도 없었다.

'음. 내가 혼잣말을 한 건가? 그래, 그 방
법이 있었어.'

재판관은 노빈손에게 흘끗 눈길을 주었
다. 3초 이상 쳐다보고 싶지 않은 괴이한
외모였지만, 오히려 그 괴상함이 재판관의

**천문학자 없는 왕은
아버지 없는 아이와 같다**

인도 초기의 천문학자들을 '지요티
샤'라고 불렀는데 지요티샤의 가
장 큰 임무는 길일을 알아내 국가
차원의 제삿날을 잡는 것이다. 왕
들은 제때에 바르게 행해지는 제
사에 왕국의 번영이 달려 있다고
생각했기 때문에 천문학자인 지요
티샤의 역할은 매우 중요했다. 힌
두교 경전 「아타르바베다」에서는
"천문학자 없는 왕은 아버지 없는
아이와 같다"라고 말할 정도였다.

마음을 움직였다.

'정말 독특하게 생긴 놈이군. 저런 외모의 소유자면 정신세계도 정상은 아닐 거야. 유유상종이라고 아리아라따 같은 괴짜에게는 저런 놈을 보내는 게 더 잘 통할 수도 있지 않을까?'

재판관은 노빈손을 향해 입을 열었다.

"네 이놈, 정말로 무슨 일이든 할 수 있느냐?"

"물론이죠! 이 노빈손만 콱 믿으시라니까요!"

노빈손은 미친 듯이 고개를 끄덕였다. 노빈손은 지금 썩은 동아줄이라도 잡아야 할 판국이었다.

"좋다. 그렇다면 지금 당장 아리아라따를 찾아가라. 만약 네놈이 그에게서 제사 날짜를 받아 온다면 너를 살려 주겠다. 도망칠 생각은 하지 마라. 빈 틈 없이 감시할 테니."

"아리아라따?"

노빈손은 마치 무슨 요술의 주문을 외듯 되뇌고는 고개를 갸웃했다.

한편 이 광경을 바라보던 무함마드는 회심의 미소를 지었다.

"노빈손, 네가 이 문제까지 해결한다면 나의 책사로 삼으마."

그랬다. 재판관의 귓가에 대고 속삭인 사람은 바로 무함마드였던 것이다.

인도 사람들의 일상 속 점성학

별을 보고 운명을 점치는 점성학을 인도에서는 '무후르타'라고 한다. 우리나라 사람들도 시험이나 큰일을 앞두었을 때 점을 치듯이 인도에서도 마찬가지이다. 특히 인도에서는 신랑과 신부의 궁합을 알아보고, 결혼식을 올리기에 가장 적합한 시간을 알아보는 점성학인 바바하가 발달했다. 인도에서는 지금도 신문 광고에 결혼 상대자를 구하는 광고가 자주 실리는데, 이때 여기에 원하는 배우자의 별자리가 기재되는 경우가 많다.

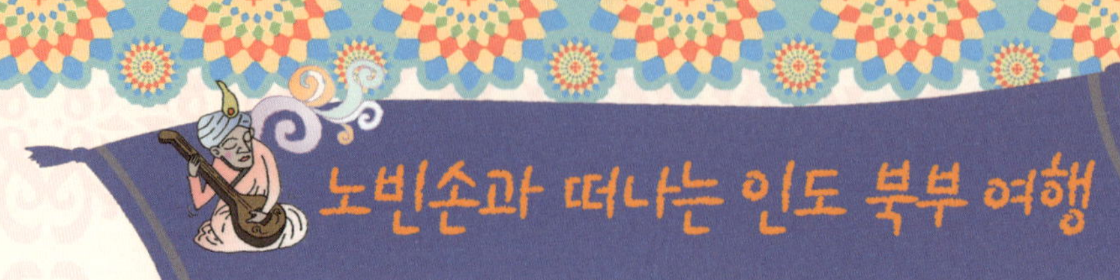

북인도의 역사 도시 탐방

▶코스 1

타지마할의 도시, 아그라

교통의 중심지이자 산업의 요충 도시인 아그라는 1564년부터 1658년까지 약 1백 년 동안 무굴 제국의 수도였던 곳이야. 무굴 제국의 황제들은 아그라에 화려한 건축물을 짓는데 몰두했지. 요즘에는 세계 문화유산으로 지정된 무굴 제국의 건축물을 보기 위해 수많은 사람들이 아그라를 찾아온단다.

아그라의 대표적인 유적지로는 3대 황제인 악바르가 지은 아그라 성과 5대 황제인 샤자한이 자신의 아내를 위해 지은 무덤인 '타지마할'이 있어.

아그라 성

불교, 힌두교, 자이나교 모두의 성지인 바라나시에는 수많은 신화가 전해

져. 인도인의 젖줄인 갠지스강은 인도인에게 '신들이 사는 강'이어서 강가

엔 사원이 2,000여 개 넘게 빼곡하게 들어차 있지. 힌두교도들은 갠지스

강에서 목욕재계를 하는 것이 의무야. 또 죽은 뒤 이곳에 화장되기를 바라

지. 연간 1백만 명이 넘는 순례자가 바라나시로 오는데 주요 사원만 둘러

보는 데도 일주일이 넘게 걸린대. 갠지스강에서 인도인들은 자신의 육신

을 닦으며 기도하고 죽은 이의 해탈을 바라며 장례식을 치러. 바라나시는 인도인의 삶을 담고 있단다.

★ 파격적인 추가 옵션 ★

갠지스강 장례식 체험 기회 1회 제공
(신체 포기 각서 작성 필요, 현지인의 착각으로 영원한 잠을 잘 수 있음)

▶코스 3 라지푸트족의 땅, 라자스탄

인도 북서부의 드넓고 척박한 지역인 라자스탄은 7세기부터 라지푸트족이 여러 왕국을 세운 곳이야. 그 시기엔 라자스탄을 '라지푸트가 사는 땅'이란 뜻인 '라지푸타나'로 불렀어. 자이푸르, 조드푸르, 자이살메르, 우다이푸르 등의 도시에 라지푸타나 왕국들의 유산이 남아 있지. 특히 사막 여행을 즐기고 싶다면 인도의 최서단 도시 자이살메르를 들러봐. 황금빛 사막이 만든 황량한 풍경에서 보는 노을이 일품이라고. 사막을 횡단하려면 3박 4일이 걸리지만 사막 밤하늘에서 오색영롱한 별을 헤는 낭만을 느끼고 싶다면 자이살메르에 가볼 것.

자이살메르 사막의 노을

▶코스1

천연 생태의 보고, 인도 국립 공원 관람

북인도엔 유적지뿐만 아니라 세계유산으로
보호되는 국립 공원도 많아. 라자스탄에 있는
'케올라디오 국립 공원'은 조류 보호 구역인 습
지로 희귀 동물이나 물새들이 주로 사는데 희귀한
시베리아두루미와 인도회색몽구스를 비롯해 364여 종
의 물새를 볼 수 있대. 아삼에 있는 '카지란가 국립 공원'은 인도코끼리와
인도코뿔소가 사는 야생 초원 지대야. 히말라야 난다데비봉(7,800m)에 위
치한 '난다데비 국립 공원'은 '꽃의 계곡 국립 공원'이란 별명을 갖고 있어.
히말라야 고유의 고산 식물이 자라
는 국립 공원엔 히말라야사
향노루, 티베트푸른양을
비롯한 멸종 위기 동물들
도 살고 있단다.

▶코스 2 히말라야 전경을 내려다보며 산간 휴양

'히말라야의 여왕'이라는 별칭으로 더 유명한 다르질링은 산간 휴양 도시야. 히말라야 산맥 속 해발 2,248m에 위치했기 때문에 한여름에도 시원하다고. 다르질링은 세계 3대 홍차 산지 중의 하나로 다르질링의 홍차는 생산량이 적어도 고급스러운 차로 여겨진단다.

다르질링 차밭

4장
왕의 책사, 노빈손

두두두두

지구의 자전을 느끼는 남자

"아이고, 힘들어. 이 사람은 왜 이런 암벽 위에 사는 거야?"

노빈손은 푸념하며 이마에 맺힌 땀을 닦아 내렸다. 아리아라따. 그는 라지푸타나는 물론 무굴 제국에 명성이 자자한 천재 천문학자이자 수학자였다. 라지푸타나 왕국에서는 별과 달의 움직임을 파악하는 천문학자의 도움을 빌어 가장 제사 지내기 좋은 날을 정했다.

그런데,

"사람들이 제사를 올려 달라고 계속 청을 하는데, 아리아라따 그 괴짜가 뭘 하는지 도통 날짜를 주지 않아. 내 입장이 아주 곤란하다고. 그러니 네놈이 할 일은 그 아리아라따를 찾아가 제사 날짜를 받아 오는 거다."

아리아라따는 명백한 직무 유기를 하고 있는 셈이었다. 하지만 그게 노빈손에게는 목숨을 구할 기회가 되었으니, 노빈손에게는 오히려 천만다행이랄까.

"여기쯤인 거 같은데……."

노빈손은 주위를 두리번거렸다. 사람이 산다고 보기에는 너무 고요한 곳이었다.

만약 지구의 자전이 멈춘다면 어떻게 될까?

지구의 자전이란 지구가 남극과 북극을 지나는 선을 축으로 하루에 한 바퀴의 주기로 회전하는 현상을 말한다. 만약 지구가 자전을 멈춘다면 어떻게 될까? 일단 낮과 밤의 주기가 완전히 바뀌게 된다. 6개월이 낮이고 6개월이 밤이 될 것이다. 현재의 지구는 하나의 거대한 자석과 같은 성질을 지니고 있는데 자전을 하지 않는다면 자석의 성질을 잃는다.

지구의 자전이 멈추게 되면 지구의 환경이 급변해 지구에 살고 있는 인간을 포함한 대부분의 생물들이 멸종할 것이다.

110

맞게 찾아온 걸까? 불안감이 온몸으로 퍼져 갈 때쯤 어디선가 휙 하고 바람이 불었다. 노빈손은 바람이 불어온 쪽을 보았다. 한 남자가 빙글빙글 돌면서 바람을 일으키며 노빈손 쪽으로 빠르게 다가오고 있었다.

"비켜! 돈다! 돈다! 돈다! 돈다! "

남자의 속도는 줄어들 줄 몰랐다. 그것은 인간이라기보다는 하나의 팽이에 가까운 몸짓이었다.

"으아아악! 아저씨 그만 도세요! 뭐하시는 거예요?"

"그만둘 수가 없어! 난 지금 지구의 자전을 느끼고 있다고! 아, 지구가 돈다! 돈다! 돈다! 어? 어?"

쾅!

운석보다 딱딱한 노빈손의 머리에 부딪친 남자는 "꺅" 소리를 내며 바닥에 쓰러졌다.

노빈손은 쓰러진 남자의 뺨을 툭툭 건드려 보았다. 미동도 없었다. 정신을 잃은 모양이었다. 노빈손은 남자를 부축하여 일으켜 세웠다.

"에휴. 아리아라따를 만나러 왔건만, 이 무슨 기구한 팔자람."

노빈손은 자신의 운명 역시 팽이 못지 않게 빙빙 돌고 있다고 생각했다.

괴상한 천재, 아리아라따를 만나다

"으음……."

"어, 아저씨! 깨어나셨어요?"

남자의 머리맡에서 물수건을 갈던 노빈손은 남자의 희미한 음성을 듣고 반색했다.

"여기가 아저씨 집 맞나요? 근처에 집이 하나밖에 없어서 이곳으로 오긴 했는데……."

살림살이는 보잘것없었지만, 온갖 이상한 기구들과 각종 원 모양의 물건들로 가득 찬 묘한 분위기의 집이었다.

"맞아. 여긴 내 집이야. 내 집에 무단 침입한 걸 환영하네."

남자는 그렇게 말하며 노빈손을 똑바로 바라보았다. 무단 침입이라니. 노빈손은 황당했다. 쓰러진 남자를 옮기고 하루 종일 간호해 준 것은 노빈손이었다.

"아저씨가 빙글빙글 돌다가 저랑 부딪치는 바람에 이렇게 된 거잖아요. 제가 들어오고 싶어서 들어온 게 아니라고요."

"빙글빙글 돌다니. 난 지구의 자전을 느

아리아바타, 그는 누구인가?
아리아따라의 모델이 된 사람은 인도의 학자 '아리아바타'이다. 5~6세기경의 천문학자인 그는, 고대 인도의 수학과 천문학을 발전시켰다. 특히 아리아바타는 시대를 앞서 간 수학적 성취들을 이룩했는데, 저서 『아리아바티야』에서 부정방정식 ax±by=c의 답을 구했으며 현 수학에서 이용되는 사인 개념도 사용했다. 또 원주율을 3.1416…으로 계산했고, 지구의 자전설을 기록했다.

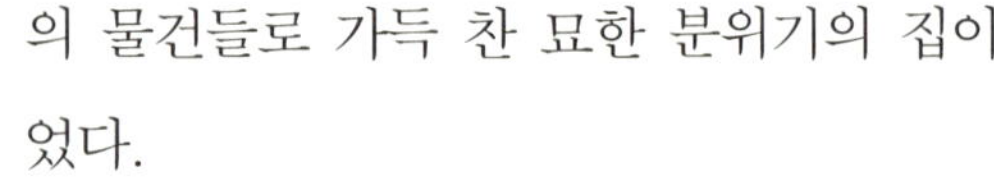

끼고 있었단 말이야. 자네가 나와 지구 사이를 방해한 거지. 자네가
지구가 돈다는 걸 이해할 리 없지만 말이야.”

그 말에 노빈손은 자존심이 한여름 땡볕에 놓아 둔 음식처럼 팍
상했다.

“무슨 소리세요. 지구의 자전이란 지구가 하루 24시간마다 한 바
퀴씩 회전하는 걸 말하는 거잖아요. 낮과 밤도 밀물과 썰물도 모두
지구의 자전이 일으키는 현상이죠.”

남자는 놀란 표정으로 몸을 일으켰다. 이곳의 사람들은 지구가 돈
다는 그의 말을 믿어 주지 않았다. 그런데 머리카락이 네 가닥밖에
없는 기묘한 인물이? 남자는 노빈손에게 가까이 얼굴을 디밀다가
무언가를 발견하고는 기겁했다.

“그런데 자네, 지금 뭘 깔고 있는 건가?”

“네?”

노빈손은 서둘러 자리에서 일어났다. 노
빈손이 앉아 있던 곳에 무언가 수학 공식
같은 것이 적혀 있던 흔적이 있었다. 아마
노빈손이 그것을 깔아뭉갠 모양이었다.

“아아아아악! 나 아리아라따의 원주율에
대한 풀이가!”

남자는 머리를 부여잡고 절규하기 시작
했다. 노빈손은 당황한 표정으로 남자를
바라보았다.

끝없이 이어지는 수, 파이(π)

원주율은 파이(π)라고도 하며 그
값을 보통 3.14라고 알고 있다. 하
지만 사실 정확한 파이의 값을 구
하는 것은 불가능하다. 왜냐하면
파이 값은 순환하지 않는 소수, 즉
무한소수이기 때문이다. 파이 값은
3.1415926535…로 무한히 이어진
다.

"아… 아저씨가 천재라는 아리아라따?"

"그래, 내가 바로 그 아리아라따이다. 이 녀석! 내가 기껏 구한 원주율을 망치다니!"

"힉, 아저씨. 고의는 아니었어요. 그런데, 원주율이라니? 그거 혹시 3.14……."

노빈손은 흥분한 남자를 진정시키려 무심코 말했다. 그러자 남자는 갑자기 자리에서 우뚝 멈춰 서더니 "아니, 네가 그걸 어떻게?"라고 중얼거렸다.

"원주율 정도야 상식으로 알죠."

수학의 왕, 가우스

가우스는 독일에서 태어난 수학자이자 물리학자, 천문학자이다. 벽돌 굽는 것을 기업으로 삼은 가난한 가정에서 출생했지만, 그의 재능을 알아본 브라운슈바이크 공작의 후원 아래 괴팅겐 대학에 입학하게 된다. 9살에는 1부터 100까지의 합을 구하라는 선생님의 말에 대칭 방법으로 문제를 풀어 주위를 깜짝 놀라게 했다. 노빈손은 이 방법을 이용한 것이다. 후에 가우스는 통계와 확률을 체계화했으며 천문학, 타원 함수, 전자기학, 측지학 등 셀 수도 없을 정도로 많은 분야에서 업적을 남겼다.

"상식이라고?"

아리아라따의 놀란 표정에 으쓱해진 노빈손은 고개를 끄덕였다. 그러고는 아까 자신을 무시했던 아리아라따에게 자신의 수학 실력을 뽐내기로 마음먹었다.

"그럼요. 상식이죠. 그런데 아저씨, 아저씨 혹시 1부터 100까지 자연수의 합을 10초 안에 구할 수 있으세요?"

아리아라따는 그 말에 눈동자를 좌우로 굴렸다.

$1+2+3+4+5+6+7+9+10+11$…….

놀라운 암산력을 가진 아리아라따였지만 1부터 100까지의 합을 10초 안에 구하는 것

은 무리였다. 그때 노빈손은 쪼그려 앉아 바닥에 무언가를 쓰기 시
작했다.

"답은 5050예요. 여길 보세요, 그걸 처음부터 일일이 계산할 필요
는 없어요.

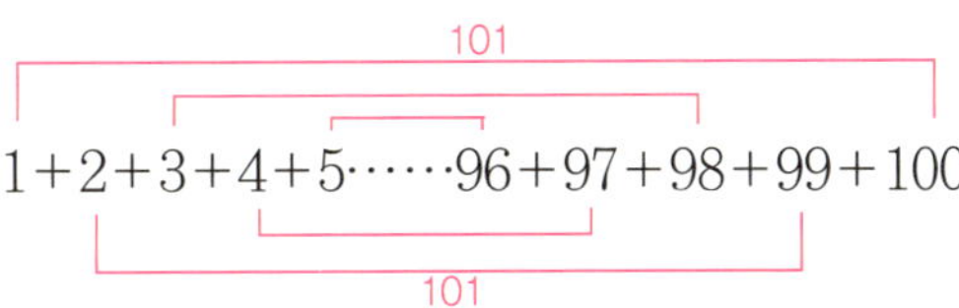

가장자리부터 계산하면 돼요. 1과 100을 더하면 101, 2와 99를 더
해도 역시 101가 나오죠. 이런 식으로 앞의 작은 수와 뒤의 큰 수를
합하면 모두 101이 되는데, 이렇게 101이라는 답이 되는 쌍은 100
의 반이니까, 모두 50개죠. 그렇다면 이걸 수식으로 나타나면 101
×50 =5050! 이건 가우스라는 독일 사람이 발견한 방법인데, 신기
하죠?"

노빈손의 설명이 이어질수록 아리아라따는 눈이 튀어나올 듯 휘
둥그레져서 노빈손을 바라보았다.

세상에서 가장 어려운 단 한 가지 질문

"네에? 그러니까 아저씨의 제자가 되라고요?"

"그래. 생긴 건 엉망이지만, 머리는 아주 비상하구나."

아리아라따는 노빈손의 수학 실력에 매료되었다. 아무리 노빈손이 그건 자신이 미래에서 왔기에 아는 것이라 말해도 믿지 않았다.

"아저씨, 전 몇 백 년을 거슬러서 온……."

"허허. 나도 괴짜 소리를 듣고 살지만, 넌 더하구나. 그런 점도 마음에 든다. 내 후계자로서 손색이 없군. 난 오랫동안 너 같은 후계자를 찾아 헤맸다. 내가 지구가 돈다고 말해도 사람들은 돈 건 지구가 아니라 내 머리라고 말했지. 그래서 난 내 뜻을 접고 이곳에서 홀로 조용히 살고 있었어. 그렇다고 해서 이대로 내가 발견해 낸 것들을 나만 알고 있을 수는 없잖아? 나의 천문학적 지식! 부정방정식과 원주율에 대한 내 천재적인 풀이법을 전수할 제자가 필요해!"

아리아라따는 눈을 빛내며 노빈손을 바라보았다. 노빈손은 난감한 기색을 보이며 손을 내저었다.

불가촉천민 출신 개혁가, 브힘라오 암베드카르

브힘라오 암베드카르는 인도의 사회개혁 운동가이자 정치가이다. 불가촉천민 출신이었던 그는 불가촉천민의 기본권 보장을 주장했고, 불가촉천민의 힌두 사원 출입을 허가할 것을 역설했다. 인도 독립 후 그는 헌법 기초 위원장을 역임하여 헌법 제정에 가장 중요한 역할을 했다. 또 불가촉천민 50여 명을 이끌고 자유와 평등을 내세우는 불교에 귀의했다. 그는 "중요한 것은 생존 자체가 아니라 어떻게 생존하느냐입니다"라는 명언을 남겼다.

"아저씨, 시대를 앞서간 천재란 외로운 법이라는 거 알아요. 저도 시대를 앞서간 외모 탓에 외롭거든요. 불가촉천민보다 천재 수학자의 제자가 훨씬 근사하지만 아저씨의 제자가 될 순 없어요."

"뭐? 네가 내 제자가 되기만 한다면 몇 가지 비밀 비기들도 알려 줄 건데?"

"엥? 비기요?"

"그래. 네가 아까 아주 훌륭한 10초 계산법을 알려 줬으니 나도 하나 알려 주지. 97×96을 한번 10초 안에 계산해 봐라."

노빈손은 머리를 굴려 암산을 시작했다. 먼저 7에 6을 곱하고, 그리고 9에 9를 곱하고……. 아리아라따는 '쯧' 하고 혀를 찼다.

"벌써 10초 지났다. 답은 9312다."

"으억, 아저씨. 어떻게 그렇게 빨리 계산하시는 거예요?"

"홋. 100을 이용하면 쉽게 되지. 이걸 봐라."

아리아라따는 바닥에 무언가를 끄적였다. 노빈손은 아리아라따가 적은 수식을 곰곰이 들여다보았다.

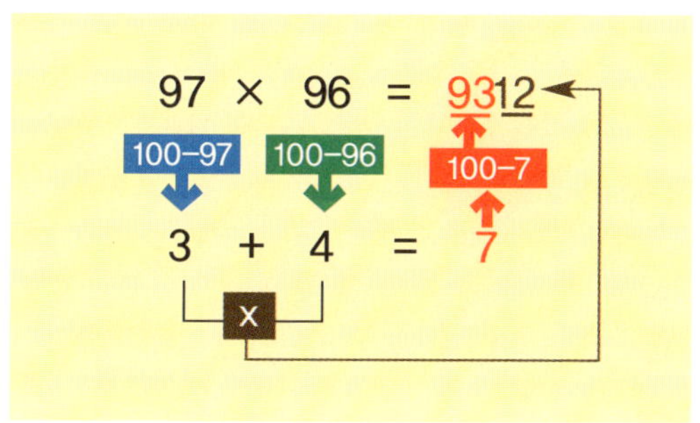

"헉? 이건?"

"알겠느냐? 97×96의 계산법을. 먼저 100에서 97을 빼면 3. 100 에서 96을 빼면 4. 이 두 수를 곱하면 12. 이게 바로 답의 뒷자리다. 그렇다면 앞자리는?"

"그 두 수인 3과 4를 더한 값인 7을 100에서 빼면 되는군요. 그러 면 93! 답은 9312예요! 이햐, 이거 진짜 신기한데요!"

노빈손은 감탄에 젖어 아리아라따를 바라보았다. 인도인들이 수 학에 능통하다는 건 알았지만, 이렇게 쉬운 계산법이 있을 줄이야. 그러자 아리아라따는 어깨를 한번 으쓱했다.

"홋, 내 제자가 되면 훨씬 더 많은 것을 배우고 우주의 이치도 이해하게 될 거다. 그런데도 내 제자가 안 되고 배겨?"

그러자 노빈손은 "휴우"하고 한숨을 내쉬었다. 이 똑똑한 괴짜 아저씨가 싫진 않았지만 지금 아리아라따의 제자가 될 여유가 없었다.

내일까지 아리아라따에게서 제삿날을 받아 가지 못하면 그날이 노빈손의 제삿날이었다. 노빈손은 아리아라따에게 자신의 사정을 설명하며 애원했다.

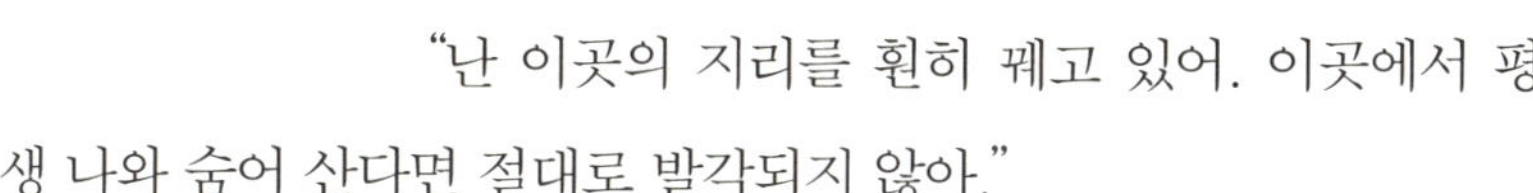

"아저씨. 아저씨에게 제사 날짜를 받지 못하면 전 끝이에요. 재판관이 제가 도망친다면 바로 병사들을 푼다고 했단 말이에요."

"난 이곳의 지리를 훤히 꿰고 있어. 이곳에서 평생 나와 숨어 산다면 절대로 발각되지 않아."

"에에? 평생이요?"

노빈손은 질색했다. 이런 산골에서 풀만 먹으며 평생 산다니! 그것은 미식과 과식을 미덕으로 삼는 노빈손의 신념에 반하는 것이었다. 노빈손은 절대 싫다는 듯 연신 고개를 도리질쳤다. 그러자 아리아라따는 잠시 고민하더니 말했다.

"흐음. 좋아. 그럼 학자답게 승부하자고. 내가 묻는 질문에 답한다면 너에게 제사 날짜를 알려 주고 아무 말 없이 보내 주마. 하지만 답하지 못한다면 여기 남아 내 제자가 되는 거다. 어떠냐?"

"좋아요. 해봐요! 뭐든 답해 드리죠."

노빈손은 의기양양하게 아리아라따의 제안에 응했다. 그러자 아리아라따는 회심의 미소를 지으며 다시 노빈손에게 물었다.

"그러면 백 가지 쉬운 질문과 단 한 가지 어려운 질문 중에서 하나를 선택하도록."

"음……."

백 가지 쉬운 질문과 단 한 가지 어려운 질문이라. 이왕이면 쉬운 질문을 고르고 싶었지만, 백 가지 질문에 차근차근 답하기에는 시간이 없었다.

"단 한 가지 어려운 질문으로 할게요."

"좋다. 그렇다면!"

노빈손은 머릿속으로 빠르게 문제를 예상해 보고 있었다. 천문학과 수학의 천재가 내는 단 한 가지 어려운 질문이란 과연? 노빈손은 침을 꿀꺽 삼켰다.

아리아라따의 입에서 나온 질문은 노빈손의 모든 예상을 초월하는 것이었다.

"닭과 달걀 중에 어느 것이 먼저냐?"

"으아아아아악!"

이 쪼잔한 질문에 노빈손은 경악했다. 닭과 달걀 중에 어느 것이 먼저냐니. '엄마가 좋아? 아빠가 좋아?' 이래로 인류가 절대

악바르와 비르발의 일화

악바르는 어려운 문제를 내어 신하들을 곤란케 하는 일이 많았다고 한다. 하루는 악바르가 바닥에 선을 긋더니, 신하들에게 "선의 양쪽을 지우는 일이 없이 짧게 만들어 보시오"라고 명령을 했다. 다른 신하들이 어쩔 줄 몰라 당황하자 악바르의 명책사 비르발이 황제가 그은 선 옆에다 더 긴 선을 그었다. 그러자 순식간에 악바르가 그은 선은 짧은 선이 되었고, 악바르는 바르발의 지혜를 크게 칭찬했다고 한다.

풀지 못할 숙제 같은 문제가 아닌가.

노빈손은 아리아라따가 자신을 제자로 삼으려고 작정한 게 틀림없다고 생각했다. 그렇지 않고서야 이런 문제를 낼 리가 없었다. 노빈손은 깊은 고뇌에 빠졌다.

'세상에. 어떻게 이 난관을 헤쳐 나가지? 정말 세상에서 제일 어려운 단 한 가지 질문이네.'

노빈손은 머리에서 김이 날 때까지 생각하고 또 생각했다. 하지만 닭과 달걀 중에 어느 것이 먼저인지는 도저히 알 수가 없었다. 그러다가 포기할 마음이 들 때쯤, 갑자기 노빈손의 머릿속에 어떤 생각 하나가 번개같이 스쳤다.

'잠깐. 아까 분명 어려운 단 한 가지 질문이라고 했지? 단 한 가지 질문이라?'

무언가를 깨달은 노빈손은 "알았다! 아리아라따!"라고 외치고는 대답했다.

"답은 달걀입니다."

"뭐? 어째서 그렇지?"

아리아라따는 노빈손의 말에 반사적으로 되물었다. 그러자 노빈손은 그때를 놓치지 않고 회심의 미소를 지으며 반격했다.

"질문은 단 한 가지만 하시기로 하지 않았나요? 저는 한 가지 어려운 질문에 답하기로 했고, 이미 달걀이라고 그 대답을 내

악바르의 명책사, 비르발

'세상에서 제일 어려운 단 한 가지 문제'를 '단 한 가지 질문에는 단 한 가지 대답만'이라는 방식으로 해결한 노빈손. 사실 이 해결 방법을 고안한 사람은 악바르의 명책사였던 비르발이다. 비르발은 뛰어난 재치와 놀라운 기지로 악바르의 총애를 받았다. 장난기가 많았던 악바르는 종종 어려운 문제를 내어 비르발을 시험해 보곤 했는데, 그때마다 비르발은 아주 현명한 답들을 내놓았다. 비르발의 지혜로운 이야기는 지금도 전세계에 전해진다.

놓았습니다. 고로 저는 두 번째 질문에는 답을 하지 않아도 되죠. 안 그런가요?"

그러자 아리아라따의 표정이 묘하게 변했다. 노빈손은 긴장된 얼굴로 그를 바라보았다. 몇 초간의 정적 끝에 아리아라따는 호탕하게 웃었다.

"으하하. 재기가 대단하구나! 내 상상 이상이야! 좋다. 그렇다면 내가 널 붙잡아 둘 순 없지. 제사 날짜를 알려 줄 테니 돌아가라."

그 말에 노빈손의 얼굴에도 화색이 돌았다.

"아이고, 다행이다. 감사합니다."

"난관을 푼 건 너다. 너같이 똘똘한 녀석을 제자로 못 삼아서 아쉽긴 하다만 어쩔 수 없지."

아리아라따는 노빈손에게 제사 날짜를 일러 주고는 다시 빙글빙글 돌기 시작했다.

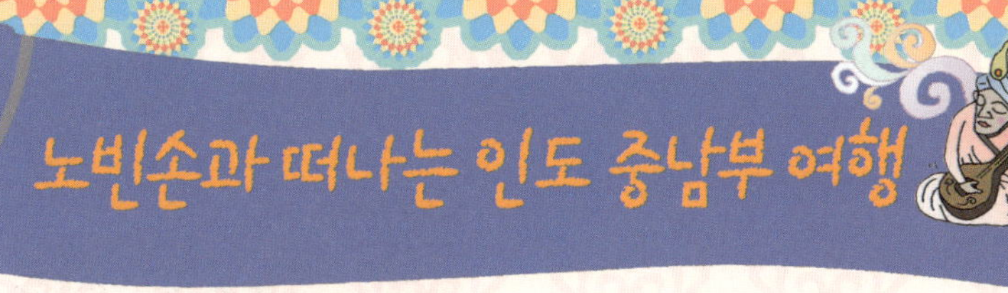

▶코스 1 뭄바이에서 야경 관람

인도 최대의 항구 도시이자 금융과 산업의 중
심지인 뭄바이는 세계적인 기업이 많이 진출
해 있어. 외국 자본이 풍부해서 눈부신 경제
성장을 하고 있는 뭄바이는 매년 높은 인구 증가
율을 기록하지. 전 세계 사람들이 드나드는 뭄바이는
인도의 어떤 도시보다 오락 문화가 발달했
어. 매달 100편 이상의 인도 영화가 만들어
지는 세계 최다 영화 제작 도시이기도 해.
뭄바이에서 밤을 보낼 때는 꼭 고층 빌딩 위
에 올라가 뭄바이 시내를 조망해 봐. 해안선
을 따라 늘어선 건물의 불빛이 만드는 야경
이 환상적이니까 말이야.

뭄바이의 야경

▶코스 2 왁자지껄 인도의 영화관에서 볼리우드 영화를!

우리나라는 다른 사람을 배려해서 영화관에선 큰 소리를 내지 않아. 하지

만 인도의 영화관은 박수가 터져 나
오는 것은 기본이고, 심지어 휘파람
이나 커다란 야유, 함성들을 내지르
기도 해. 인도 뭄바이의 영화 산업
을 '볼리우드'라고 일컫는데 이 말
은 인도 봄베이(뭄바이의 옛 이름)와
할리우드의 합성어야. 인도의 볼리
우드 영화들은 선·악 구도가 명확하
고 권선징악으로 마무리되는 것이 특징이지.

★ 파격적인 추가 옵션 ★

볼리우드 영화에 출연할 기회를 드립니다!
(뚜루뚜루 댄서, 하늘을 나는 요기 중에서 자유로이 배역 선택 가능)

인도의 끝에서 즐기는 색다른 남인도 여행

▶**코스1** 벵골만 연안의 매력 도시, 첸나이

긴 해안 도로를 따라 늘어선 빌딩이 인상적인 첸나이는

인도 벵골만에 있는 항구 도시로 남인도 최대 도시야. 370여 년 전만 하더라도 작은 어촌 마을이었던 첸나이는 1640년 영국 동인도 회사가 인도 무역의 거점으로 삼으면서 인구 5만 명의 주요 항구 도시로 급성장했어. 주요 무역 품목으로는 피혁·목화·커피 등이 있지. 첸나이에는 영국이 세운 '세인트 요새'나 영국인 거주 지역 '조지 타운' 등이 남아 있어 영국의 식민지였던 시절도 엿볼 수 있어. 벵골만을 따라 펼쳐진 13킬로미터 길이의 아름다운 '마리나 해변'은 꼭 거닐어 볼 것!

세인트 요새

마리나 해변

▶ 코스 2 인도의 신화 속 장소, 람메스와람

인도의 서사시 「라마야나」의 기록을 보면 비슈누 신의 화신인 라마와 그의 형제 아르주나가 원숭이 부대를 이끌고 스리랑카에 있는 악마를 물리치러 가는 길에 들렀던 도시가 람메스와람이야. 스리랑카의 악마를 물리친 후, 라마와 아르주나는 다시 람메스와람으로 돌아와 시바 신에게 감사의 제사를 올렸지. 이 신화로 람메스와람은 비슈누와 시바 신을 기리는 성지가 되었어.

람메스와람의 힌두교 사원 입구

◆ 여행 일정에 참고하세요!

인도의 주요 축제들

▶ 퐁갈 축제 음력 1~2월

일 년 중 가장 중요한 힌두교 축제로, 한 해 추수를 기념하고 자연 신에게 감사하기 위해 열려.

퐁갈 축제 때 거리에 그리는 문양

▶ 홀리 축제 음력 2~3월

겨울이 가고 봄이 오는 것을 기념하기 위한 축제야. 홀리 축제 기간에는 물감이나 염료를 눈에 띄는 대로 아무에게나 던지고 뿌리지.

홀리 축제 때 염료를 던지는 사람들

▶ 디왈리 축제 음력 10~11월

우리나라 추석에 해당하는 축제야. 10~11월 초승달이 뜨는 날에 사람들은 행운의 여신 락슈미를 맞이하는 의식으로 집집마다 양초나 등불을 켜 놓고 불꽃놀이를 하지.

디왈리 축제 때 쓰는 등불

뜻밖의 제안

"노빈손, 누가 자네를 찾는데?"

"엥? 누구지?"

노빈손은 다시 불가촉천민의 일상으로 돌아와 열심히 코끼리 똥을 치우고 있던 중이었다. 전갈을 받고 코끼리 우리 밖으로 나오니 그곳에는 익숙한 인물이 서 있었다.

"어? 무함마드! 정말 왔네요."

무함마드는 함박 웃음을 지었다.

"아리아라따에게 제사 날짜를 받아서 무사히 돌아온 걸 축하해."

"제가 아리아라따에게 갔던 건 어떻게 아세요?"

의아해하는 노빈손에게 무함마드는 별것 아니라는 듯 어깨를 으쓱했다.

"그 정도야 조사하면 다 나와. 내가 정보력이 좀 되거든."

"예전부터 생각했지만 말끝마다 꼭 자기 자랑을 하시네요."

무함마드는 당돌한 노빈손의 태도를 보며 속으로 감탄했다.

'어쩜 이렇게 만날 때마다 마음에 들까? 게다가 아리아라따에게 제사 날짜도 받아 온 걸 보면 현명한 자임에 틀림없겠지.'

생각을 정리한 무함마드는 노빈손에게 특급 제안을 했다.

"노빈손, 내 책사가 되는 건 어때?"

무함마드의 말이 끝내기가 무섭게 노빈손은 고개를 저었다.

"연봉은 얼마죠? 아니 그게 아니라……. 저는 누가 가라고 해서 가고 오라고 해서 오는 사람이 아닙니다. 자유로운 영혼이라고요."

노빈손이 팅기자 무함마드는 더욱더 흥미롭다는 표정을 지었다.

"호오? 싫다고? 무굴 황제의 책사가 되는 건데?"

"이 아저씨가 진짜. 황제병이 더 심해지셨네. 진짜 악바르 대제가 알면 깨 털리듯이 볼기를 맞을 거라고요."

“어허, 그런 민망한 말을 서슴없이 하
다니. 자넨 역시 대범해.”

그때 둘의 대화를 숨어서 엿듣고 있
는 자들이 있었다. 그들은 바로 암베르
의 브라만이 보낸 심복들이었다.

“바보와 바보가 대화하는 것 같지 않아?”

“저 대화를 도저히 못 들어주겠군.”

“무굴 황제 수준이 뭐 저래?”

곧 그들은 무굴 황제의 옆에 서 있는 노빈손
을 발견하고는 소스라치게 놀랐다.

“아니, 어떻게 저 녀석이 살아 있지? 분명 모래 폭풍에 던져 넣었
는데……”

“생에 대한 집착이 무서울 정도로 강한 놈이야. 게다가 어떻게 저
놈이 황제와 함께 있는 거야? 설마 진짜로 전설의 요기인가?”

그들은 노빈손의 엄청난 생명력에 질린다는 듯 고개를 내저었다.
하지만 위기는 기회가 되기도 하는 법. 그들은 무굴 황제와 노빈손
이 대화를 나누고 있는 곳이 코끼리 우리 바로 앞이라는 것을 알았
다. 그들은 꿍꿍이를 품고 음흉하게 웃었다.

“아니… 어쩌면, 무굴 황제와 요기인지 사기꾼인지를 한꺼번에 처
치해 버릴 수도 있겠어.”

환상의 콤비플레이

"그래서 내 책사가 되겠다는 건가, 안 되겠다는 건가?"

"아저씨가 황제가 아니라고 인정하면 제가 생각해 본다니까요."

"나 황제 맞는데. 무굴 제국 역사상 가장 잘생긴 황제인 무함마드를 정말 모른단 말야? 이제부터는 매일 난간에 나가 백성들에게 내 얼굴을 보여 줘야겠군."

무함마드는 진지하게 말했다. 그러자 노빈손은 지친다는 듯 한숨을 내쉬었다.

"하아, 정말 전 왕자병 아니 황제병 걸린 사람의 책사는 되기 싫다고요."

노빈손과 남자가 끝도 없는 논쟁의 늪으로 빠져드는 순간,

"크어어엉!"

고개를 돌린 노빈손과 무함마드의 얼굴이 사색이 되었다.

"으아아아악. 대체 누가 코끼리 떼를 풀어 놓은 거야!"

노빈손은 무함마드의 손을 잡고 발이 보

악바르 대제는 백성들에게 잘 보이고 싶어 했다. 한 예로 악바르는 일부러 매일 일정 시각에 궁정 창문에서 모습을 드러냈다. 백성들은 악바르의 모습을 보며 환호와 놀라움을 표했다. 세상에서 가장 높은 신분인 황제가 매일 백성들 앞에 모습을 보인다는 것은 당시로서는 파격적인 일이었기 때문이다. 악바르는 이미지 관리를 할 줄 아는 황제였던 셈이다.

이지 않게 뛰기 시작했다.

코끼리 떼는 굉음을 내며 날뛰고 있었다. 누군가가 고의적으로 코끼리들을 풀어 놓고 그들의 화를 돋운 것이 틀림없었다.

'후후. 만약 무굴 황제가 코끼리에 밟혀 죽는다면 완벽히 사고로 위장할 수 있겠지. 평화 협정은 무슨! 저승에서 영원한 평화나 맛보아라! 저 요기 놈과 함께! 으하하!'

브라만의 심복들은 즐거운 상상에 빠져 노빈손과 황제가 코끼리 떼에 쫓기는 광경을 바라보았다.

"노빈손. 난 이제 한 걸음도 안 갈래."

"네? 그게 무슨 소리에요?"

"더 가면 사람들이 사는 마을이야. 거기에서 코끼리들이 날뛰면 어떻게 되겠어? 여기서 코끼리 떼를 멈추어야 해."

무함마드의 표정에서는 굳은 의지가 느껴졌다. 노빈손은 심각한 무함마드를 보며 고개를 갸웃했다.

'아니, 이 황제병 백 단 아저씨가 갑자기 왜 이래. 혹시 정말로 황제? 어쨌든 그 말이 맞아. 코끼리 떼가 마을에서 날뛰면 마을은 풍비박산이 날 거야. 그럼 어떻게 해야 하지? 옛 로마 전쟁에서 스키피오가 한니발의 코끼리 부대를 물리칠 때 어떻게 했더라?'

노빈손은 지난 전쟁들과 자신의 경험을 떠올려 보았다. 그러다 코끼리 떼를 끌고 갈 때, 코끼리가 뒷걸음치도록 노력했으나 되지 않았던 것이 생각났다. 노빈손은 결심을 하고 비장한 표정이 되어 콧구멍을 넓혔다.

"우리 둘이 코끼리를 막아 봐요. 코끼리는 한번 달리기 시작하면 전진밖에 하지 못해요. 제가 그걸 이용해서 스키피오 군대처럼 코끼리 떼를 마을 반대쪽으로 유인해 볼게요. 아저씨는 코끼리 떼 시야에서 벗어나 따라오시다가 틈을 노려 코끼리 등에 올라타고 코끼리 떼를 진정시켜 주세요."

"와, 합동 작전을 펼치자 이거야?"

"맞아요. 하지만 제 체력에도 한계가 있으니, 빨리 코끼리를 멈추지 못하면 전 코끼리한테 깔려 죽을 거예요."

"걱정 마. 날 믿어."

무함마드는 힘차게 대답했다. 그에게서 전사의 눈빛이 빛나고 있었다.

"좋아요! 그럼 갑니다! 흐아아압!"

노빈손은 초인적인 힘을 내어 맨 앞의 코끼리를 앞질렀다. 그러고는 돌멩이 하나를 던져 대장 코끼리의 머리에 명중시켰다.

"크오오오!"

화가 머리 끝까지 난 코끼리 떼는 마을 반대편으로 달리는 노빈손을 맹렬히 추격했다.

"좋아! 코끼리 떼가 이쪽으로 방향을 잡았으니 이제 마을은 안전해! 그런데!"

스키피오는 어떻게 한니발의 코끼리 부대를 물리쳤을까?

고대 로마의 스키피오 장군은 아프리카의 자마 전투에서 한니발의 코끼리 부대를 물리친 이야기로 유명하다. 스키피오 장군은 자신의 군대를 한 줄로 길고도 엇갈리게 배치하여 부대 사이에 하나의 길을 만들었다. 그러고는 전투가 시작되자 병사들에게 나팔을 힘껏 불도록 지시했다.

나팔 소리에 놀란 코끼리들은 적진으로 돌진했고 스키피오가 만들어 놓은 길을 그대로 통과했다. 코끼리가 전진만 할 수 있다는 특징을 이용한 스키피오의 지략 덕분에 로마 군대는 코끼리 부대를 피해 한니발의 부대를 공격하여 자마 전투를 승리로 이끌었다.

"크어어어어어어엉!"

"내가 위험하잖아! 으아아아아아아악!"

노빈손은 땅을 울리며 몰려오는 코끼리 떼를 피해 죽을힘을 내어 달렸다. 긴 코를 마치 채찍처럼 휘두르는 소리에 노빈손은 등에 소름이 돋았다.

"코끼리 님. 방금은 장난이었던 거 아시죠? 살려 주세요!"

"내가 살려 주지! 으라차차!"

높은 곳에서 구원의 목소리가 들렸다. 노빈손이 위를 올려다보자, 높은 나무 위에서 위풍당당하게 무함마드가 서 있었다.

"언제 저기까지 올라간 거지?"

무함마드는 나무 위에서 재빠르게 코끼리들의 위치를 파악했다. 그러고는 주저 없이 나무에서 뛰어내려 정확하게 대장 코끼리 위에 올라탔다.

"크오오옹!"

잔뜩 흥분한 코끼리는 등에 올라탄 무함마드를 떨어뜨리려 이리저리 몸을 흔들었다. 거의 떨어질 뻔했던 무함마드는 가까스로 중심을 잡은 후 재빠르게 코끼리의 머리로 올라가 능숙하게 코끼리를 다뤘다.

"괜찮아. 진정해."

무함마드는 코끼리의 목덜미를 부드럽게 어루만졌다. 그럴수록 대장 코끼리는 더욱더 격렬하게 몸을 흔들어 무함마드를 떨어뜨리려 했다. 그럼에도 무함마드는 요리조리 중심을 잘 잡으며 떨어지지 않았다.

시간이 지나자 대장 코끼리는 점점 지쳐 갔고 점차 움직임이 잦아들었다. 무함마드는 이 틈을 노려 다시 코끼리의 머리 부분으로 다가갔다. 그러고는 조심스럽게 코끼리를 진정시켰다.

"워워~, 절대 널 해치지
않아."

"푸흐흐흐흐~."

힘이 빠진 대장 코끼리는
숨을 한 번 뱉고는 자리에 우뚝
멈춰 섰다. 대장 코끼리가 멈추자 다른
코끼리들 역시 일제히 흥분을 가라앉히고 멈추었다. 집단으로 행동
하는 코끼리의 특성이었다.

노빈손은 코끼리 아래로 내려온 무함마드의 곁으로 다가갔다.

"코끼리 다루는 솜씨가 보통이 아닌데요? 놀랐어요."

"하하. 그야 코끼리 군대를 이끌어 본 적이 있으니까. 그보다는 너
의 지혜와 용기가 더 대단해. 코끼리에게
깔려 죽을 수도 있었는데도 겁도
없이 잘도 돌진하던데?"

쓩! 쓩!

무함마드의 말이 끝나기
가 무섭게 화살 두 개가 아
슬아슬하게 무함마드의 옷깃
을 스쳤다.

"코끼리도 소용없다니! 할 수 없
지! 죽어라!"

"안 돼!"

브라만의 심복들이 다시 화살을 겨눈 순간 거짓말처럼 아불파즐이 말을 타고 나타났다. 급한 마음에 아불파즐은 허리춤에 찬 칼을 빼어 던졌다. 그들은 아불파즐의 칼을 민첩하게 피하고는 급히 모습을 감췄다.

"폐하. 괜찮으십니까? 폐하를 찾아 온 마을을 다 헤집고 다녔건만……. 대체 이 무슨!"

아불파즐은 황급히 무함마드의 곁으로 다가가 다친 곳이 없나를 살폈다. 그러자 노빈손은 머릿속이 복잡해졌다.

'계속 폐하라고 부르네. 설마 진짜 악바르 대제?'

"아아. 괜찮아 자네 덕분에 목숨을 건졌군. 핫핫."

무함마드는 아불파즐에게 고맙다는 눈짓을 보냈다. 하지만 아불파즐은 무함마드에게 잔뜩 화가 난 듯했다.

"거 보십시오, 무함마드 님. 저들은 분명 라지푸트의 적대 세력들이 보낸 자들일 겁니다. 이게 끝이 아닙니다. 또 무슨 흉계가 기다리고 있을지 모르지 않습니까? 차라리 지금이라도 폐하를 위협한 라지푸트족을 쓸어 버리세요."

"그렇지 않아요."

아불파즐의 말을 듣고 있던 노빈손이 말했다.

수니파의 반란

수니파(이슬람의 한 종파) 이슬람교도들은 자신들의 권력이 약해지는 것에 반감을 품고 1580년 악바르 대제에 대한 모반을 일으킨다. 그들은 악바르가 이슬람의 율법을 따르지 않는 '이교도'라고 선포했다. 악바르 대제는 관련자들을 엄중히 처벌한 후 곧 모반을 잠재웠다. 하지만 그 뒤에 그들은 황제에게 충성하는 척하며 황제에 대한 악평을 퍼트리고 다녔다.

아불파즐과 무함마드의 시선이 일제히 노빈손에게로 쏠렸다.

"무력으로 라지푸타나를 굴복시키려 하면 자존심이 센 라지푸트 족은 더욱 목숨을 걸고 저항할 거예요. 그러면 영원히 평화는 오지 않을 거고, 힌두스탄은 계속 이슬람교도를 증오하지 않겠어요?"

거기까지 말한 노빈손은 아까의 일을 떠올려 보았다.

"폐하는 아까 코끼리 떼가 난동을 부리자 자신이 다치는 것보다 마을 사람들을 더 걱정했죠. 그랬던 분이 군대를 끌고 와서 라지푸트족을 공격할까요? 정말 그걸 원하세요?"

노빈손에 말에 무함마드는 잠시 생각을 하더니 입을 열었다.

"아불파즐, 난 암베르로 가겠네."

"폐하!"

"노빈손 말이 맞아. 여기까지 와서 돌아갈 순 없어. 나는 되도록 평화롭게 라지푸타나를 정복하고 싶네. 내가 만약 군대를 부르면 이 땅은 피로 물들 거고, 또다시 수많은 사람이 죽을 거야. 그런 짓은 할 수 없어."

무함마드는 결연한 표정으로 말하고는 노빈손을 바라보았다.

"노빈손. 나는 힌두교와 이슬람교 간의 긴 전쟁을 끝내고 싶어. 그러려면 자네처럼 지혜롭고 용기 있는 자가 필요해. 나는 바르말 왕과 평화 협정을 맺으러 암베르로 갈 생각이야. 나를 따라 암베르로 가겠나?"

그러자 노빈손은 무함마드 앞에 공손히 무릎을 꿇었다.

"튕김은 세 번만! 이제 폐하가 누구인지 확실하게 믿어집니다. 영광으로 알고 폐하의 명을 받들겠습니다."

"악바르."

"네?"

"악바르라고 부르게. 자네가 지어 준 이름 아닌가?"

그는 그렇게 말하며 개구쟁이처럼 웃었다. 노빈손도 함께 웃었다.

"네, 악바르 폐하. 따르겠습니다."

인도 수학에 관한 오해와 진실

안녕? 난 이야기 속의 수학자 아리아라따. 인도에는 5세기의 인도 수학을 요약한 『아리아바티야』라는 수학 책을 쓴 아리아바타, 0과 음수의 개념을 만든 브라마굽타(7세기), 처음으로 십진법 체계를 완전하게 사용한 바스카라 2세(12세기) 등 저명한 수학자들이 많아. 또 인도에서 시작된 수학의 근본 개념도 많지. 몰랐다고? 그럼 지금부터 나만 따라 왜! 인도 수학에 관한 놀라운 진실을 말해 줄 테니.

오해 ▶ 아라비아 숫자는 아라비아에서 발명된 숫자이다?

진실 ▶ 아라비아 숫자는 인도에서 발명되었다!

오늘날 쓰는 1,2,3…의 숫자를 아라비아 숫자라고 해. 그런데 아라비아 숫자는 아라비아가 아니고 인도에서 생겼어. 인도인들은 기원전 2세기 무렵에 이미 1~9까지의 수를 나타내는 기호 체계를 만들었어. 아랍인들이 자신들의 무역에 이 숫자들을 사용하기 시작했고 후에 서양으로 이 숫자가 전파되었지. 서양인들이 이 숫자를 '아랍'에서 온 숫자라고 하여 '아라비아 숫자'라고 부른거야.

처음엔 0이라는 개념이 없었어. 그래서 505라는 수를 나타내기 위해서는 5와 5 사이에 공간을 두었지. 하지만 이 표기법은 그 수가 '505'인지 '55'인지 아리송했어. 6세기 초 인도에서는 공란을 없애고 빈 자리를 메우기 위해 그들의 언어에 있었던 '슈냐'라는 말에 해당하는 작은 동그라미인 ●이나 ○를 사용하기 시작했어. 이것이 지금 우리가 사용하는 0의 기원이야.

힌두교 경전인 『베다』에는 수학적 지식이 담긴 시 구절이 많이 남아 있었어. 훗날 인도의 수학자 스와미 바라티 크리슈나 타르타지가 이것을 정리하여 베다 수학을 정립했어. 베다 수학은 일반적인 수학 계산법보다 더욱

빠른 계산을 가능하게 하지. 현대에 와서는 세계 각지에서 선풍적인 인기를 끌고 있어.

베다 수학과 일반 수학의 계산법 차이

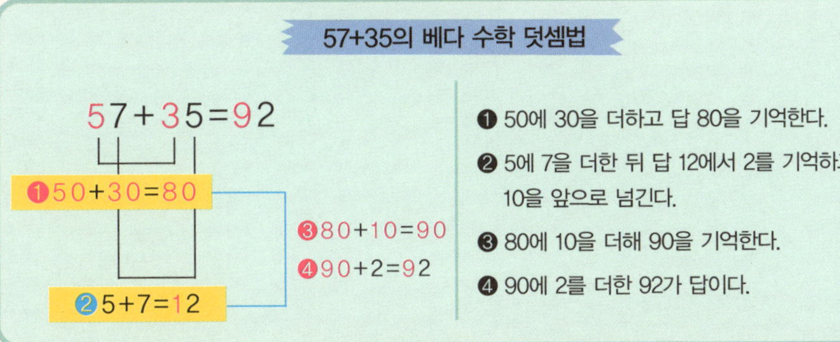

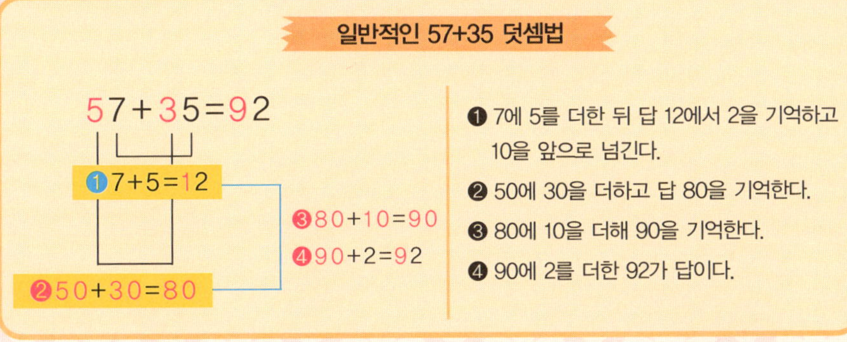

※ 베다 수학 곱셈법은 118쪽을 참고하세요.

5장
사랑의 전령사, 노빈손

자,
똑같죠?

세기의 혼담

"결국 여기까지 왔군. 게다가 저 전설의 요기도 함께라니! 이런 분노를 느낀 건 귀에 털 나고 처음이야!"

브라만은 악바르와 노빈손이 암베르에 들어서는 모습을 보며 입에 거품을 물었다.

"신의 대변자 브라만에게 도전하다니! 내 너희들을 신의 권능으로 엄히 벌할 것이다. 하나뿐인 목숨으로 너희의 죗값을 치를 것이야!"

"아! 무굴 황제 폐하. 연락도 없이 어떻게? 예를 갖추지 못한 채 무굴 황제님을 뵙습니다. 무례를 용서하십시오."

"괜찮습니다."

암베르에 도착한 악바르는 제일 먼저 바르말 왕을 찾아갔다. 갑자기 찾아온 악바르의 방문에 바르말은 적잖이 놀랐다.

"여기까지 오시느라 얼마나 고생이 많으셨습니까? 행동력이 뛰어난 분이시라는 건 알았지만 호위대 없이 이리도 빨리 오시다니. 제 생각보다 훨씬 더 용감한 분이시군요."

"고생이라니요. 사막도 구경하고 라지푸타나의 다른 왕국도 가보고 소소한 모험도 하면서 재밌었습니다. 하하하."

그 말에 아불파즐과 노빈손은 악바르를 슬쩍 흘겨보았다.

'뭐! 코끼리에 밟혀 죽을 뻔한 게 소소한 모험이에요?'

악바르는 둘의 시선을 외면한 채 바르말을 보며 웃었다. 바르말은 환하게 웃으며

왕이 곧 신이다! 딘 알라히

악바르 대제는 모든 종교의 화합을 위해 '딘 알라히'라는 개념을 만들었다. 딘 알라히는 '왕권은 신성불가침이므로, 왕은 신을 대신한다. 신은 자비롭고 의로우며 모든 것을 사랑하므로, 카스트·종교에 구애되지 않는다'라는 것이다. 악바르는 '짐이 곧 국가다'라고 말했던 프랑스의 루이 14세처럼 강력한 왕권 아래서 무굴 제국에 살고 있는 모든 사람을 통합하려 했다.

환영했다.

“잘 오셨습니다. 황제시여, 황제께는 지금 이슬람교와 힌두교, 그리고 무굴 제국과 라지푸트족 간의 오랜 갈등을 풀기 위해 이곳에 오신 것이겠지요?”

“맞습니다. 라지푸트족과 무굴 제국은 종교가 아니어도 둘 사이의 오랜 전쟁에서 비롯된 원한의 골이 너무나 깊습니다. 이제는 누구도 다치지 않고 모두가 행복했으면 좋겠습니다.”

악바르의 눈은 더할 나위 없이 진지했다. 하지만 바르말은 머뭇거리는 눈치였다.

“저도 동의합니다. 하지만 둘 사이의 증오는 쉽게 없앨 수 있는 게 아닙니다. 라지푸타나 힌두교 왕국과 이슬람이 싸운 세월만 해도 벌써 300년입니다. 지금까지 이슬람 지배자들은 힌두교도에게 이슬람교로 개종을 강요하고 가혹한 세금을 거뒀습니다. 이미 깊은 증오가 라지푸트인들 마음에 있고 무굴 제국도 다른 이슬람 왕조들과 마찬가지라고 생각하고 있습니다.”

“그렇지 않습니다. 저는 힌두교와 이슬람교를 똑같이 대하고 서로의 평화를 위해서라면 모든 것을 할 준비가 되어 있습니다.”

악바르의 말과 눈빛에 진심이 담겨 있었다. 바르말은 악바르가 어린 시절부터 전쟁터에서 살아왔다는 것을 알고 있었고 그

모든 종교, 지도자는 여기에 헤쳐 모여!

악바르 대제는 힌두교에게만 자비를 베풀었던 것이 아니다. 악바르는 기독교, 힌두교, 불교, 시크교, 자이나교, 다양한 이슬람 종파들, 파르시(인도의 조로아스터교) 등 다양한 종교에 관심을 기울이면서 각 종교의 지도자들을 불러 모아 그들의 이야기를 들었다.

어떤 황제보다 평화를 소중하게 생각한다는 것을 느꼈다. 황제와 평화 협정을 맺는 것은 어렵지 않았지만 그것만으로는 부족했다. 바르말은 오랫동안 홀로 고민했던 문제를 조심스레 입 밖으로 꺼냈다.

"협정을 맺는 것도 좋지만 무언가가 더 필요할 것 같습니다."

"무엇이 말입니까? 제가 할 수 있는 거라면 뭐든지 하겠습니다."

그러자 바르말은 뒷말을 길게 끈 뒤에 충격적인 제안을 했다.

"그렇다면… 제게 아직 혼인을 하지 않은 딸이 하나 있습니다. 폐하께서 제 딸과 결혼하시면 어떨지요? 폐하께서 그렇게 하신다면 이슬람을 미워하는 라지푸타나의 강경파들도 평화를 원하는 폐하의 진심을 알게 될 겁니다."

"!"

그 말에 그 자리에 있던 모든 사람들이 놀라 할 말을 잃었다. 독실한 이슬람교도인 무굴 황제가 라지푸트족의 여인을 아내로 맞는다는 것은 상상도 할 수 없는 일이었다.

'바르말의 딸과 결혼하라고?'

그 제안을 듣고 악바르의 마음이 편치 않았던 건, 다른 이유였다.

'히와쿤와리를 찾지도 못했는데……'

또 머릿속을 꽉 메우는 히와쿤와리의 모습에 악바르는 마음이 괴로워졌다.

인재 등용은 악바르처럼

악바르 대제는 이슬람뿐만 아니라, 힌두교를 비롯한 타종교에게도 궁중의 관리가 될 수 있는 길을 열어 주었다. 자신의 재능을 궁중에서 발휘할 기회를 얻은 젊은이들은 중앙으로 모여들었다. 이 정책은 힌두교도의 불만을 잠재우고, 지방에서 일어나는 반란을 막는 데도 큰 역할을 했다.

 # 운명적 재회

“폐하, 터번이 삐뚤어졌어요.”

노빈손의 말에 악바르는 얼른 터번을 고쳐 썼다. 그러나 악바르의 얼굴은 화려한 옷차림에 어울리지 않게 칙칙하기만 했다. 악바르는 '당장 결혼 약속을 하지 않아도 좋으니 자신의 딸을 한 번만 만나 보라'는 바르말의 제안에 응해 그녀를 기다리고 있었다.

노빈손은 고개를 갸우뚱했다.

“흐음, 폐하. 오늘 계속 이상하시네요. 힌두교 공주와 이슬람 황제라는 세기의 커플이 탄생할지도 모르는 자리인데 표정 좀 펴세요.”

노빈손의 걱정에 악바르는 힘없이 고개를 끄덕였다. 평화 협정을 맺으러 와서 바르말의 기분을 상하게 할 수는 없었다. 일단 바르말의 청에 따랐지만 그의 머릿속에는 온통 히와쿤와리의 생각뿐이었다. 악바르는 노빈손에게 조심히 물었다.

“노빈손, 여기 공주는 어떤 사람이야?”

“소문으로는 암베르의 공주는 무척 현명하고 도도한 미인이래요. 그래서 공주님께

인도 전통 사회는 철저한 가부장적 사회로, 여자는 반드시 결혼 적령기 내에 결혼을 해야 했다. 따라서 인도의 결혼 제도 안에는 여자에게 불리하게 작용하는 조건들이 많다. 그중 대표적인 것이 다우리라는 신부지참금이다. 인도에서는 보통 결혼 전, 결혼식장에서, 결혼 후, 세 차례에 걸쳐 신부 측이 신랑 측에게 신부지참금을 주어야만 한다. 다우리 제도는 아직까지도 인도 사회에 남아 있어 사회 문제가 끊이질 않고 있다.

청혼한 라지푸타나의 왕자들이 한 마을을 이룰 정도라고 하더라고
요. 하지만 공주는 그들에게 매번 어려운 문제를 내어 청혼을 거절
하고는, 매일 신전에 기도 드리는 것을 낙으로 삼는다고 하던데요?
그러니 폐하도 잘생긴 얼굴만 믿고 우거지상을 하고 있다가는 공주
에게 차일지도 몰라요."

노빈손의 장난기 어린 말에 악바르는 한숨만 푹 내쉴 뿐이었다.

그때 문소리가 나며 방문이 열렸다.

"공주님과 바르말 왕께서 오십니다."

온몸을 화려한 사리로 감싼 암베르의 공주는 당당한 자태로 방 안
으로 걸어 들어왔다. 공주가 한 발자국씩 다가올 때마다 그녀의 손
과 발목에 걸린 장신구들이 부딪치며 내는
청명한 소리가 방 안에 퍼졌다. 향기로 존
재를 알리는 꽃처럼 공주는 우아한 매력으
로 모두를 압도했다.

"우아!"

노빈손은 탄성을 내질렀고 악바르는 긴
장하여 침을 꿀꺽 삼켰다. 그러자 암베르
의 공주는 시선을 피하는 악바르를 힐끔
보았다.

'내 비록 아버님의 말씀을 거역할 수 없
어 이곳에 오긴 했지만 나는 힌두스탄이
다. 내 어찌 이슬람교도와 결혼할 수 있을

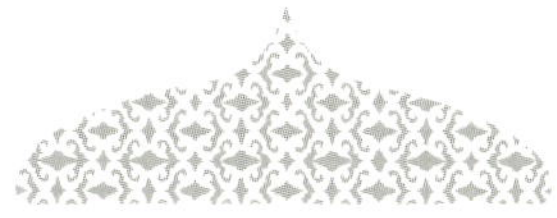

일곱 겹이나 둘렀단 말이에요!

모슬린은 공기를 엮어서 짰다는
찬사를 들을 정도로 가볍고 품질
이 좋기로 유명한 인도의 옷감이
다. 어느 날 무굴 제국의 6대 황제
인 아우랑제브의 앞에 그의 딸이
속이 훤히 보이는 사리를 입은 채
나타났다. 이에 독실한 이슬람교도
였던 아우랑제브는 딸을 나무랐다.
그때 그의 딸은 퉁명스러운 표정
으로 이렇게 대답했다고 한다. "일
곱 겹이나 둘렀단 말이에요!" 모슬
린이 얼마나 얇고 가벼운 옷감이
었는지를 보여 주는 일화다.

까! 게다가 무굴 황제는 뛰어난 전사라고 하더니 얼굴 하나 들지 못하는구나.'

공주는 무굴 황제 앞에서도 주눅 들지 않는 암베르 공주의 기개를 보여 주고 싶어 허리를 꼿꼿이 세워 걸음걸이에 신경 썼다. 그런데 아뿔싸!

'어? 어멋! 으앗!'

곧 그녀의 발이 긴 사리 자락을 밟았고 그녀는 금방이라도 넘어질 듯 휘청거렸다. 첫 대면에서 망신을 당할 일촉즉발의 순간이었다.

"괜찮으십니까?"

누군가가 바람과 같은 속도로 달려와 쓰러지는 그녀를 잡아 주었다. 바로 악바르였다. 순간, 그녀의 얼굴을 감싸고 있던 천이 스르르 풀리면서 서로의 눈동자가 마주쳤다.

'아니… 세상에!'

'아니! 이분!'

둘은 벌어진 입을 다물지 못하고 놀라 서로를 바라보았다.

"그토록 찾던 히와쿤와리 아가씨가 암베르의 공주?"

"아니… 당신이 무굴 제국의 황제?"

악바르가 그토록 그리워하던 여인이 마치 마술처럼 눈앞에 있었다. 히와쿤와리 역시 그날 이후 악바르를 잊지 못했다. 둘

유난히 유별한 인도의 남녀

인도는 조선시대의 우리나라처럼 부부 사이가 아닌 남녀간의 접촉을 엄격히 금했다. 지금도 인도에서는 처음 만난 남녀가 악수를 나누거나 가벼운 신체 접촉을 하는 모습을 쉽사리 찾아볼 수 없을 정도다. 심지어 남인도의 많은 지역에서는 버스에 남녀 칸이 따로 있는 경우가 많다.

은 넋이 나간 듯 서로를 확인했다. 영문을 모르는 바르말은 의아한 표정으로 물었다.

"둘이 아는 사이이십니까?"

'헉!'

순간 히와쿤와리는 심한 부끄러움을 느꼈다. 힌두교의 교리상 결혼도 하지 않을 여자가 낯선 남자와 알고 지내는 것은 금기였기 때문이었다. 히와쿤와리는 엉겁결에 악바르의 뺨을 후려쳤다.

"가… 감히 결혼도 하지 않은 여자에게

인도에서 타종교인과 결혼하는 경우가 흔한가?

인도 고대의 법전인 『마누 법전』에 '결혼은 반드시 같은 카스트와 할 것이라고 나와 있다. 하지만 오늘날에는 카스트 제도를 인정하지 않는 종교로 개종하는 사람들이 늘어나면서 타종교 간의 결혼도 늘어나고 있다. 하지만 힌두 문화가 강하게 나타나는 지역에서는 여전히 자신보다 낮은 카스트의 사람이나 타종교인과는 결혼하지 않으려는 경향이 강하다.

손을 대다니! 정말 무례하시군요!"

히와쿤와리는 새빨개진 얼굴을 감추기 위해 재빨리 밖으로 나갔다. 예상 못한 상황에 당황한 바르말은 급히 공주를 뒤쫓았다. 느닷없이 뺨을 맞은 악바르는 멍하니 그녀의 뒷모습을 바라볼 뿐이었다. 노빈손은 입을 다물지 못했다.

'대박! 첫 만남에서 황제의 뺨을 때리다니! 이 결혼은 끝이야!'

노빈손은 빠르게 악바르에게 다가갔다.

그는 멍하니 서 있었다. 노빈손이 무어라 위로의 말을 건네려는 순간,

"나한테 이런 여자는 처음이야."

악바르가 붉어진 뺨을 어루만지며 중얼거렸다.

악바르, 불치의 병에 걸리다

뺨 사건 이후 악바르가 두문불출하자 아불파즐은 노빈손을 불러 악바르를 살펴보도록 부탁했다.

"폐하, 좀 괜찮으신가요?"

"오, 노빈손."

노빈손은 갑자기 무척이나 수척해진 악

바르의 몰골을 보고 깜짝 놀랐다. 몸은 간디처럼 야위었고 눈빛은 멍했으며 다크서클은 무릎까지 내려와 폐인이 따로 없었다.

"폐하, 대체 왜 그러세요? 식사도 안 하시고, 잠도 안 주무시고. 이러다가는 큰 병에 걸릴 거예요. 보아하니, 몸이 안 좋으신 것 같지는 않고, 마음의 병이 있는 것 같은데 무슨 일인지 말씀해 보세요."

악바르는 땅이 꺼질 듯이 한숨을 쉬었다. 그러고는 히와쿤와리와의 첫 만남부터 놀라운 재회까지 미주알고주알 이야기했다.

"세상에, 운명적인 만남인데요! 마치 노빈손과 나말숙의 사랑 이야기 같구나! 크윽."

사정을 모두 들은 노빈손은 놀라움을 금치 못했다.

"나도 그렇게 생각해. 우린 운명이라고. 그녀와 재회하기만 한다면 고백할 생각이었어. 그런데 막상 그녀를 다시 만나 뺨을 맞고 나니 모든 용기가 사라졌어. 그녀는 내가 싫은 걸까? 나한테 그런 여자는 히와쿤와리가 처음이야. 그녀는 까칠해도 아름답긴 하지만……. 휴우."

노빈손은 알겠다는 듯 고개를 끄덕였다.

"하아, 노빈손. 자네는 내 고통을 모를 거야. 난 지금까지 한 번도 차이거나 거절당해 본 적이 없어서 이 상황이 너무 당황스러워. 노빈손, 날 좀 도와줘. 어떻게 해야 할까?"

악바르의 애절한 표정에 노빈손은 말숙이와 연애담을 털어놨다.

"말숙이의 마음을 사로잡은 걸 생각해서 말씀드리면 일단 여자 마음을 사는 데는 선물이 최고죠. 히와쿤와리 공주님이 좋아하실 만한 걸 선물해 보세요."

"선물이라……. 그런 건 얼마든지 할게. 아불파즐에게 가서 무굴 제국의 보물을 좀 가져오라고 해야겠다."

당시 전 세계의 어느 왕국도 무굴 제국만큼 부유하지 못했으며, 무굴 황제의 창고에는 진귀한 물건들과 보석들이 깊이와 넓이를 헤아릴 수 없이 가득했다. 노빈손은 유의사항을 덧붙였다.

"그렇지만 선물은 선물일 뿐이에요. 마음을 표현해야 해요. 가서 공주님과 이야기를 나누세요!"

악바르의 얼굴이 다시 한낮의 태양처럼 붉게 물들었다.

"그게… 아직도 몸이 좀 안 좋아서… 그녀를 볼 수가… 자네가 일단 선물만 좀 전해 줘."

악바르는 이불 속으로 쏙 숨었다. 노빈손은 저 남자가 과연 자신감과 당당함을 빼면 시체인 악바르가 맞는지 어리둥절했다.

 # 선물로는 살 수 없는 것

"여신님, 저는 어찌해야 좋습니까?"

히와쿤와리는 락슈미 여신 석상 앞에서 한숨을 쉰 후 향을 피우고 꽃을 바쳤다. 석상은 인자하게 웃고만 있었다.

'락슈미 님. 저는 락슈미 님이 비슈누 신을 만났듯, 저도 운명적으로 끌리는 완벽한 짝이 아니면 결혼하지 않겠다고 생각해 왔습니다. 그래서 다른 수많은 남자들을 거절했지요. 이제서야 운명의 상대를 만난 것도 같은데……'

히와쿤와리는 수심에 찬 표정이었다. 그

**히와쿤와리 ♥ 악바르
실제 로맨스는?**

히와쿤와리와 악바르의 결혼은 정치적 이해관계에 따른 정략 결혼이었다. 이 책에 묘사된 둘의 운명적 만남과 아름다운 로맨스는 모두 허구이다. 그렇지만 악바르가 히와쿤와리를 우대했던 것은 분명하다. 악바르는 히와쿤와리 말고도 다른 부인들이 있었는데 그중에서 히와쿤와리가 머물렀던 궁이 가장 크고 화려했다. 또 그녀가 머물렀던 궁전은 힌두교와 이슬람 양식이 혼합된 형태로 지어졌으며 악바르는 힌두교를 믿는 왕비를 위해 궁 옆에 힌두교식 기도 장소까지 마련해 주었다.

녀는 시장에서 악바르와 이야기를 나눴을 때 그가 그동안 찾아 헤매던 자신의 짝일지도 모른다는 생각을 했다. 하지만 다시 만났을 때, 그녀는 엉겁결에 그의 뺨을 때려 버렸다. 하지만 그것보다 더 큰 문제가 있었다.

"아, 여신님, 제 운명의 상대가 하필 이슬람교도란 말입니까? 저는 이슬람교도를 사랑할 수는 없습니다!"

히와쿤와리는 석상 앞에 몸을 낮게 엎드리며 말했다. 그녀의 아버지인 바르말은 무굴과의 평화를 위해 자신을 악바르와 결혼시키고자 했지만 생각 깊은 히와쿤와리에게 그건 쉬운 일이 아니었다. 그녀는 우연히 듣게 된 궁중 시녀들의 대화를 떠올렸다.

"정말로 히와쿤와리 공주님이 무굴 제국의 황제와 결혼하실까?"

"무슨 소리야. 누구보다 현명한 암베르 공주님이신데! 공주님은 절대 우리를 짓밟은 이슬람 제국의 황제와 결혼하실 분이 아니야. 만약 공주님이 무굴 황제와 결혼하신다면 이슬람교로 개종을 강요받겠지. 독실한 힌두교도인 공주님이 어떻게 이슬람 궁궐에서 이슬람 복장을 하고, 이슬람의 율법을 지키고 이슬람 음식을 먹으면서 이슬람교도로 살아가실 수 있겠어!"

히와쿤와리는 그 말을 되새기며 마음을 다잡았다.

'내가 설령 그분을 좋아해도 나는 그분과 결혼할 수 없어. 내 남은 생을 이슬람교도로 살 수는 없으니까. 설령 그분이 나를 찾아오신다고 해도 절대 만나지 않을……'

그때 한 시녀가 히와쿤와리를 급히 찾았다.

“공주님, 무굴 황제께서…….”

“드시라고 하라!”

히와쿤와리는 시녀의 말이 다 끝나지도 않았는데 이미 대답하고는 재빠르게 머리와 화장을 점검했다. 방금까지의 다짐은 온데간데없었다.

“무굴 황제 폐하의 책사 노빈손, 명을 받들어 히와쿤와리 공주님께 드릴 선물을 가지고 왔습니다.”

노빈손은 손에 든 선물을 공주에게 공손히 내밀었다. 무굴 최고의 다이아몬드에도 히와쿤와리는 시큰둥했다.

‘무굴 황제가 온 줄 알았는데 책사를 시켜 선물을 보내?’

‘황제께서 선물을 보내 오셨습니다’라고 하려 했던 시녀의 말을 중간에 끊은 탓이었지만 히와쿤와리는 심기가 편치 않았다.

공주의 표정이 나아지질 않자 노빈손은 자신이 가져온 무굴 최고의 명품 왕방울 다이아몬드 목걸이를 적극 설명했다.

“에헴. 이것은 무굴 장인들이 골콘다의 다이아몬드 광산에서 캐낸 것으로 크기면 크기, 광채면 광채, 세공이면 세공, 어디 하나 나무랄 데 없는 최상품이지요. 100년 만에 탄생하는 무결점 다이아몬드 목걸이!

무굴 제국은 얼마나 부자였을까?

17세기에 번영을 누린 무굴은 당시 세계의 어느 제국보다도 부유했다. 무굴은 유럽에 화약의 원료인 초석을 수출하여 많은 돈을 벌었으며 데칸 고원에서 캐낸 보석들이 왕궁 창고에 가득 쌓여 있었다. 인구가 20만이 넘는 도시도 9곳이나 되었다. 당시 유럽에서 인구가 20만이 넘는 도시는 런던, 파리, 나폴리뿐이었다.

빛의 산, 코이누르 다이아몬드

무굴 제국 시대 데칸 고원의 골콘
다는 세계 최고의 다이아몬드 산
지였다. 무굴 제국의 명품 다이아
몬드 중 가장 유명한 것은 '코이누
르(빛의 산)'이다. 이 다이아몬드
크기만 해도 800캐럿에 달한다.
인도의 전설에 코이누르 다이아몬
드를 소유한 자는 인도의 지배자
가 되지만, 남자가 이것을 지니면
죽는다는 말이 있다.

물론 공주님의 아름다움에는 미치지 못하
는 다이아몬드 목걸이지만 황제님의 마음
이니 받아 주시지 않겠습니까?"

허나 노빈손이 무안할 정도로 히와쿤와
리의 반응은 싸늘하기만 했다.

그러자 시녀들도 노빈손의 말에 맞장구
를 쳤다.

"세상에, 이렇게 정교하게 세공한 다이아
몬드는 본 적이 없어요."

"맞아요, 공주님. 무굴 제국 황제께서 귀한 선물을 보내셨는데 받으세요."

"무굴 제국에서 가장 훌륭하고 아름다운 것들만 골랐습니다. 무굴 최고의 사리 옷감인 모슬린도 보세요. 깃털보다 가볍고 물보다 더 투명하지요? 이것 외에도 상아로 만든 브로치와, 공작새 깃털을 엮어 만든 카펫, 모두 황제 폐하의 진심을 담아 준비한 선물이오니 부디 받아 주세요."

그 말을 들은 히와쿤와리는 자리에서 일어났다. 노빈손은 공주가 선물을 받으러 오는 것이라 생각하고 몸을 낮추었다.

"그래. 고맙구나. 하지만 나에게 구혼했던 수많은 남자들과 마찬
가지로 황제 폐하도 진심을 돈으로 살 수 있다고 생각하시는구나."

히와쿤와리는 노빈손을 똑바로 쳐다보며 말했다.

"가서 폐하께 전해라. 나의 마음은 이런 것들로는 결코 살 수 없다
고 말이다."

오천 년 역사가 담긴 인도의 건축

●● 세기의 사랑, 타지마할

타지마할은 무굴 제국의 5대 황제 샤자한의 아내인 왕비 뭄타즈마할의 무덤이야. 샤자한은 뭄타즈마할을 전쟁터마다 데리고 다닐 정도로 사랑했대. 그런데 뭄타즈마할은 14번째 아이를 낳다가 그만 죽고 말아. 샤자한은 아내에게 세상에서 가장 아름다운 무덤을 만들어 바치기 위해 인도는 물론 페르시아, 중앙아시아의 건축가들을 모두 동원했어. 2만 명이 넘는 사람들이 매일 22년 동안 지은 끝에 타지마할이 완성됐지.

샤자한과 뭄타즈마할의 묘 진짜 묘는 지하에 있다.

타지마할의 뒷편에서 바라본 모습

타지마할의 입구로 들어가서 정사각형 정원을 거치면 왕비의 묘가 있는 건물이 나와. 묘가 있는 건물은 네 개의 미나레트(첨탑)가 둘러싸고 있고, 서쪽에는 모스크(이슬람 사원), 동쪽에는 자와브(미적 균형을 맞추기 위해 세운 건물)가 있지. 완벽한 균형미와 신비한 아름다움으로 이슬람 예술의 정수를 보여 줘.

●● 최초의 이슬람 건축, 쿠트브 미나르

인도 최초의 이슬람교 국가인 노예 왕조를 세운 술탄 쿠트브 웃딘 아이바크가 델리 정복 기념으로 만든 승전탑이야. 인도에서 가장 높은 미나르(미나레트의 인도식 발음)로 높이 72.5m에 5층으로 이루어져 있어. 쿠트브 미나르 내부에는 379개의 나선형 계단이 있고 각 층마다 발코니도 있지만 지금은 출입이 금지됐대. 1층은 힌두 양식, 2층과 3층은 이슬람 양식으로 이루어진 독특한 구조야. 술탄 쿠트브는 힌두교 사원을 무너뜨린 뒤 그 잔해로 이슬람 사원도 지었대.

이슬람 특유의 기하학적 무늬로 장식된 발코니

쿠트브 미나르

●● 바위 속의 사원, 아잔타 석굴과 엘로라 석굴

아잔타 석굴

인도의 중서부 지방, 데칸 고원에 있는 바위를 파 들어가서 만든 29개의 석굴 사원이야. 기원전 1세기에서 7세기에 걸쳐 만들어졌대. 각 석굴 내부에는 불교의 전설, 석가모니의 생애, 불교의 신성함 등을 표현한 조각, 벽화, 탑 등이 많이 남아 있어서 불교 미술의 보물 창고로 불려. 누가 왜 만들었는지는 정확하게 알려지지 않았지만 근처에 무역길인 실크로드가 있었던 것으로 미루어 보아 무역상들의 후원으로 만들었을 것이라고 추측하고 있어.

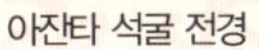

아잔타 석굴 전경

아잔타 석굴의 벽화

엘로라 석굴

아잔타 석굴 근처에 있는 엘로라 석굴은 34개의 석굴 사원으로 이루어져 있으며 5세기에서 10세기 사이에 만들어졌어. 처음에는 불교 사원 위주였으나 나중에는 힌두교, 자이나교 사원들도 생겨났지. 이 가운데 카일라사나타 사원이 가장 유명한데 시바 신이 사는 카일리쉬 산을 형상화했대. 바위를 파 들어가 만든 다른 사원들과는 달리 큰 바위를 위에서부터 깎아 내리며 150년에 걸쳐 만들었어.

카일라사나타 사원

히와쿤와리의 수수께끼

"뭐? 공주가 내 선물을 거절했다고?"

"그래서 제가 선물은 선물일 뿐이라고 조언 드렸잖아요. 오히려 선물만 보내서 실망하신 것 같더라고요."

악바르의 안색이 흐려졌다.

"그럼 이젠 어쩐담?"

"돌아가기가 안 될 때는 정공법을 써야죠. 폐하, 공주님과 약속을 잡으시고 고백하세요. 원래 그러실 생각이었다면서요."

악바르는 기겁했다.

"뭐? 고백을 하라고? 뺨 때리고 선물도 안 받는데도? 이럴 때 고백하면 역효과 아닐까?"

"진심은 늘 통하기 마련이에요. 공주님도 돈으로는 살 수 없는 폐하의 진심을 원하고 계세요. 절 믿으세요. 제가 사랑 고백 돕는 데는 전문이거든요."

악바르는 이윽고 결심한 듯 고개를 끄덕였다.

"그래, 부딪쳐 보자. 제일 먼저 감동적인 고백 문구를 만들어야겠군. 노빈손, 도와줄 거지?"

"물론이죠!"

둘은 하루 종일 머리를 맞대고 고백 첫 마디를 고민했다. 둘의 머릿속에서 수많은 사랑 시들이 어지럽게 섞여 머리가 핑글핑글 돌 때쯤 고백의 날이 왔다.

히와쿤와리가 저 멀리 어둠 속에서 악바르가 있는 약속 장소로 천천히 다가오고 있었다. 악바르는 터질 듯한 심장을 겨우 부여잡고 주위를 두리번거렸다.

"노빈손은 어디 있지?"

악바르의 옆으로 갑자기 노빈손이 다가와 속삭였다.

"폐하. 이 팻말 보이시죠? 혹시라도 폐하가 우리가 준비한 고백 대사를 잊으실까 봐 대사 팻말을 준비했어요. 제가 있을 곳은 폐하께만 보이고 공주님께는 보이지 않으니 걱정 마시고요. 파이팅!"

노빈손은 서둘러 모습을 감췄다. 악바르는 급히 노빈손을 불렀다.

"노빈손! 잠깐! 나… 나는!"

이미 노빈손은 완전히 사라진 뒤였다. 이윽고 노빈손이 준비한 애잔하고 아름다운 시타르의 선율이 깔리자, 달빛은 더 은은해 보였다. 악바르는 가까이 온 히와쿤와리의 모습에 돌하르방처럼 딱딱하게 굳었다.

"저를 보자고 하셨다던데."

"아, 그게……."

악바르는 말을 하려고 했지만 머릿속이 새하얘졌다. 악바르는 침을 한 번 삼키고

시 쓰는 왕, 악바르

악바르는 미술과 문학을 사랑하는 왕이었다. 악바르는 힌두교와 이슬람교의 화가를 양성하기 위해서 궁중에 작업장을 마련하고, 매주 전람회를 열었다. 이 전람회에서 입상한 화가는 큰 명예와 상금을 얻었다. 악바르는 시를 쓰는 일도 좋아하여, 많은 시인들을 곁에 두었고 그들이 자유로이 시를 지을 수 있도록 도왔다.

는 노빈손이 있는 쪽을 바라보았다.

팻말을 뚫을 듯한 기세로 보던 악바르는 마침내 입을 열었다.

"하하. 히와쿤와리, 밤하늘이 참 아름답네요. 달님은 활짝, 별님도

반짝……."

"으아아아아아아악!"

노빈손은 머리를 부여잡으며 소리 없이 절규했다.

"폐하, 제발 각본대로 해 주세요. 네?"

악바르는 노빈손의 마음을 아는지 모르는지, 준비한 말을 하나도 꺼내지 못했다. 이윽고 둘 사이에는 정적이 흘렀고 침묵을 깬 건 히와쿤와리였다.

"제가 이 자리에 나온 것은 폐하께 드릴 말씀이 있어서입니다."

"아, 말씀해 보세요."

히와쿤와리는 심호흡을 했다.

'계속 고민했지만 내 대답은 하나야. 폐하를 떠올릴 때마다 마음이 흔들리니까 빨리 정리해야 해.'

생각을 정리한 히와쿤와리는 단호하게 말했다.

"저는 폐하와 결혼하고 싶지 않습니다."

청천벽력 같은 말에 악바르의 시선이 흔들렸다. 한참 뒤, 겨우 말을 이었다.

"나와 결혼 못할 이유가 무엇이죠?"

"그 이유는 편지에 있습니다."

히와쿤와리는 편지 한 통을 내밀었다. 악바르는 그 편지를 받아 든 채 머뭇거렸다.

"히와쿤와리, 당신이 이 편지를 준다 해도, 난 이것을 읽을 수 없습니다."

"네? 어째서…?"

동그란 눈을 한 히와쿤와리에게 악바르는 무언가를 결심한 듯 말했다.

"난 글을 읽지 못하기 때문입니다."

그 말에 히와쿤와리도 노빈손도 놀랐다. 악바르는 현명하기로 유명한 황제였다. 그런 황제가 글을 읽고 쓸 줄 모른다고? 악바르는 잠시 회상에 젖고는 이내 입을 열었다.

"명목상 왕자이긴 했지만 내가 태어났을

악바르와 난독증

시각이 정상이고 다른 학업 능력에는 문제가 없음에도 글을 읽지 못하는 경우가 '난독증'에 해당한다. 훗날 악바르의 아들인 자한기르가 남긴 말에서 유추하건대, 악바르는 아마도 선천적으로 난독증을 앓고 있었던 듯하다. 악바르는 어린 시절 무사들의 손에 자라면서 제대로 된 교육을 받지 못했다. 악바르는 이를 극복하기 위해 책 읽어 주는 학자들을 곁에 두었고, 하루에 세 시간씩만 수면을 취하며 국사에 매달렸다고 한다.

때 난 암살자들을 피해 이리저리 떠도는 신세였어요. 글을 배울 수도, 배울 시간도 없었죠. 나중에 겨우 무굴 제국을 일으켜 세우고서야 내가 난독증이 있어 글을 배울 수 없다는 것을 깨달았어요. 우둔한 황제가 될까 봐 세상 모든 것에 호기심을 가지고 현자들의 이야기를 귀 기울여 듣고, 때로는 변장을 하고 백성들 사이에 섞여 들어가 삶을 배웠어요. 나 때문에 아불파즐이 고생이 많았어요. 말도 없이 어디론가 사라져 버리곤 했으니."

악바르는 장난스레 웃었다. 모든 것을 이해한 노빈손은 감탄했다.

"세상을 둘러보며 많은 것을 느꼈어요. 특히 힌두교와 이슬람교에 대해서 말이에요. 둘의 오래된 적대 관계를 끊고 서로의 상처를 보듬어야 해요. 우리가 결혼한다면 화해의 첫 걸음이 될 거예요."

악바르는 거기까지 말하고 숨을 골랐다. 악바르는 그녀에게 가까이 다가가 떨리는 목소리로 고백했다.

"다른 무엇보다도 중요한 건, 내가 그대를 사랑한다는 사실입니다. 그대를 처음 봤을 때 우리가 다시 만날 수 있을 거라는 걸 알았어요. 당장 날 사랑해 달라는 건 아닙니다. 그저 내 옆에만 있어 주세요."

'아… 폐하…….'

악바르의 진실한 말에 히와쿤와리는 마음 한구석이 짠하게 저려왔다. 히와쿤와리

이슬람교도의 흰색 이흐람

이슬람교도는 '흰색'을 빛의 색이라고 생각하며 가장 고귀한 색이라 여긴다. 이슬람교에서 흰색은 '평화'와 '평등'을 상징하기도 한다. 이슬람교도가 예배를 드릴 때 입는 전통 복장인 '이흐람' 역시 흰색이다. 이흐람은 바느질을 하지 않은 두 개의 천으로 이루어진 순백색의 의복인데, '이흐람'이 상징하는 것은 이슬람교의 단결과 인류의 평등이다.

도 악바르를 좋아하지만 그녀의 심경은 복잡했다. 그가 자신을 사랑한다 한들 그는 여전히 이슬람교도이고 주변 사람들도 모두 이슬람교도가 아닌가? 그녀는 잠시 고민하다가 악바르에게 뜻밖의 질문을 던졌다.

“제가 듣기로는 당신의 왕국에는 세상에서 가장 아름다운 흰색 신전이 있다고 하더군요. 맞나요?”

“그렇습니다. 난 그곳에서 매일 알라를 경배합니다.”

히와쿤와리는 고개를 들어 악바르와 눈을 맞추었다.

“그렇다면 다음 달 보름달이 뜨는 날까지 당신의 왕국에 그 흰색 신전과 똑같은 검은색 신전을 지어 주십시오. 그렇게만 해 주신다면 저는 당신과 결혼하겠습니다.”

히와쿤와리의 말에 악바르와 뒤에서 이 모든 것을 보고 있던 노빈손은 절망에 휩싸였다. 보름달이 뜨기까지 한 달밖에 남지 않는 시간 동안 어떻게 신전 하나를 짓는단 말인가? 악바르는 불가능한 문제를 안기고 천천히 사라지는 히와쿤와리의 뒷모습을 아련히 바라보고만 있었다.

사원 하나를 짓는 데 시간이 얼마나 걸릴까?

현재 인도에 남아 있는 이슬람 사원 중 가장 큰 '델리 자마 마스지드'를 짓는 데는 무려 15년이 걸렸다. 이 사원은 타지마할을 세운 샤자한의 최후의 걸작품으로 붉은 사암으로 지은 너비 60m, 길이 36m의 거대한 예배당과 흰 대리석의 돔, 높은 첨탑 등을 갖추고 있다. 수용 인원은 약 2만 5천 명이고 합동 예배가 열리는 금요일에는 지금도 수많은 이슬람교도가 델리 자마 마스지드에 모여든다.

수수께끼의 실마리, 타오르리를 만나다

"도대체 뭘 어떡해야 한담. 한 달도 채 안 남았는데……."

노빈손은 무굴 제국의 아그라 궁전 정원에 앉아 신전을 바라보고 있었다. 꽃들이 만발한 정원은 이슬람교 경전 『코란』에 묘사된 천국을 옮겨 놓은 듯 노빈손의 고뇌와 상관없이 아름답기만 했다.

"카하하! 노빈손은 대머리!"

"노빈손은 대머리! 대머리!"

"으악, 누가 대머리야!"

정원에는 악바르가 좋아하는 앵무새가 가득했는데 궁전 하인들이 노빈손을 보고 대머리라 숙덕이는 소리를 듣고 연신 노빈손을 놀렸다. 노빈손이 앵무새를 흘겨보자 어디선가 웃음 소리가 들렸다.

"허허. 저 새들은 들은 대로 지저귀는 것뿐이라네. 그대의 네 가닥밖에 없는 머리카락이 고뇌로 가을 벼처럼 처지는 걸 보니 곧 실마리를 얻겠구나!"

노빈손이 고개를 돌리자 그곳에는 백발의 남자가 앉아 있었다. 섬세한 인상의 남자는 우수에 찬 눈동자와 맑은 목소리를

여기가 지상 낙원! 짜르박 정원

무굴 제국 건축물의 정원, 짜르박은 수많은 정사각형으로 쪼갠 후, 그 사이에 수로를 건설한 이슬람 형식의 정원이다. 이 정원은 이슬람의 낙원 사상을 담고 있는데, 이슬람교의 경전인 『코란』에는 신의 뜻대로 살아가는 자는 자연의 낙원과 영원한 오아시스를 상으로 받을 것이라는 구절이 있다. 무굴의 황제들은 이 정원을 각종 진귀한 동물과 아름다운 식물들로 채웠다.

라빈드라나트 타고르(1861~1941년)는 인도의 시인이자 철학자이다. 그는 『기탄잘리』로 아시아에서는 처음으로 노벨문학상을 수상했다. 1929년, 일본 방문 중 조선을 위해 「동방의 등불」이라는 시를 지어 한 민족의 독립을 염원하였으며 최남선의 부탁으로 「패자(敗者)의 노래」라는 시를 쓰기도 했다. 인도의 국가도 타고르가 작사한 것이다. 그는 시인일 뿐 아니라, 인도 독립운동의 정신적 지주로서의 역할을 수행하였다.

가지고 있었다.

"누구세요?"

"난 궁중 시인 타오르리라 하네."

노빈손은 악바르가 타오르리의 시를 읊던 것을 떠올렸다.

"아, 혹시 무굴 제국 최고의 시인이자 현인이라는 타오르리?"

"맞네. 자네는 폐하의 새로운 책사이자, 동방에서 왔다는 노빈손이겠군."

노빈손은 고개를 끄덕이며 타오르리에게 바짝 다가갔다. 타오르
리는 햇빛을 받아 번뜩거리는 노빈손의 머리를 보고 영감을 받은 듯
시를 한 수 지어 보였다.

노빈손은 짝짝 박수를 쳤다.

"멋진 시예요. 하지만 저는 동방의 등불은커녕 해결해야 할 문제
의 단서조차 못찾고 있는걸요. 휴~. 보름달이 뜨는 밤까지 흰 신전
앞에 검은 신전을 지으라니. 대체 히와쿤와리 공주는 왜 이런 불가
능한 문제를 낸 걸까요?"

그러자 타오르리는 빙그레 웃고는 어딘가를 가리켰다.

"노빈손, 저길 보게."

노빈손은 타오르리의 손끝으로 시선을 옮겼다. 그곳에는 무굴 건축 양식의 최고봉인 백색 사원이 있었다. 노빈손은 경탄했다.

"온통 눈이 덮인 것처럼 눈부시구나. 라지푸타나에서 본 힌두교 신전처럼 화려하진 않지만 기하학적이고 산뜻해."

많은 신을 모시는 힌두교는 사원도 다양한 색으로 칠해져 있었지만 오직 알라만을 섬기는 이슬람교의 사원은 온통 흰빛으로 단아했다. 타오르리는 노빈손의 생각을 모두 알고 있다는 듯 고개를 끄덕였다.

"맞아. 두 종교의 신전은 나름의 아름다움이 있지. 마찬가지로 각 종교에도 고유의 매력이 있다네. 사람들은 그 종교만의 향기는 무시한 채, 서로의 차이점만 보며 연신 싸우기만 한다네. 그리고 화해는 불가능하다고 생각하지. 자네도 그렇게 생각하나?"

"아뇨. 둘은 서로 화해하고 화목하게 살아갈 수 있어요. 그게 폐하의 뜻이고 또 제 뜻이기도 하죠."

그러자 타오르리는 노빈손의 눈을 바라보며 묘한 말을 했다.

"자네가 그렇게 생각한다면 보름달이 뜨는 밤까지 검은 신전을 짓는 것도 불가능하진 않네."

노빈손은 타오르리의 말을 알 듯도 하고

타고르와 간디

타고르와 간디는 모두 인도의 위대한 독립운동가이다. 둘은 인도를 대표하는 지성인이지만 성격은 정반대였다. 타고르는 시와 예술을 사랑하는 사색가였고 간디는 민중 운동에 힘쓰는 행동가였다. 타고르는 서구의 근대 과학 기술을 받아들일 것과 서양과 동양의 조화를 꾀할 것을 주장한 반면, 간디는 인도의 전통을 우직하게 지켜 나가며 인도 농민들을 위해 평생을 헌신했다.

모를 듯도 했다.

"용기를 주셔서 감사해요. 포기하지 말고 좀 더 고민해 봐야 할 것 같아요. 그런데 이 정원은 앵무새가 주변을 맴도는 탓에 생각이 잘 안 떠오르네요. 저놈의 앵무새들이란!"

타오르리는 껄껄 웃으며 노빈손을 타일렀다.

"하하. 걱정 말게. 곧 큰 비가 내리니 저리 소란인 게지."

하늘은 낚싯대를 드리워도 구름 한 점 건질 수 없을 만큼 청명했고 공기도 산뜻했다.

"비가 온다고요? 이렇게 날씨가 좋은데요?"

"지금은 그렇지만 바람의 흐름은 막을 수 없는 법이야. 난 공기의 흐름을 아주 예민하게 느끼지. 이제 장마가 시작될 거고 한 달 내로 아그라에 큰 비가 쏟아질 게 틀림없어."

"비가 온다? 큰 비가 온다……."

머릿속에서 무언가가 팍 하고 떠올랐다.

"책사님, 아불파즐 님, 지금 여기서 뭐하시는 겁니까?"

다음 날, 신전 앞에 모여든 왕궁 사람들은 어리둥절했다. 땀을 흘리며 삽질을 하고 있던 노빈손은 사람들을 보며 말했다.

"보다시피 땅 파고 있습니다! 이제 한 달

아그라의 기후

아그라는 인도 북서쪽에 위치했으며, 열대 몬순(고온다습하고 우기와 건기가 뚜렷한) 기후를 보인다. 우기가 시작되기 직전인 5, 6월이 가장 무더운 시기이다. 7~8월은 우리나라의 장마철과 비슷한 우기가 시작되는데, 이 시기 동안 1년치의 비가 거의 다 내린다. 7월, 8월 그리고 9월 초를 제외한 월 평균강수량은 20mm 정도이다. 7~9월에는 월 평균 200mm의 비가 내린다.

도 남지 않았어요! 여러분도 빨리 동참하세요!"

"진심이십니까? 지금부터 신전을 지을 셈이세요? 적어도 일 년은 필요한 공사인데 어떻게 지금부터?"

"해보지 않고는 모르는 겁니다. 한 달 내에 검은 신전을 반드시 지어 보일 테니 두고 보세요!"

사람들이 술렁이기 시작했다. 하지만 노빈손과 아불파즐은 아랑곳하지 않고 그저 땅을 파는 데만 열중했다.

"저리 확신을 하시니 무슨 생각이 있으신 거겠지. 우리도 책사님과 아불파즐 님을 돕자고."

사람들은 하나둘씩 삽을 들고 와 구덩이를 파기 시작했다. 달은 점점 더 차오르고 있었다.

 # 세상에서 가장 아름다운 검은 신전

"검은 신전은 다 지어졌나요?"

히와쿤와리와 악바르가 아그라에 도착한 날 밤은 보름달이 떴다. 악바르는 확신에 찬 모습이었다.

"물론이죠."

히와쿤와리는 악바르가 허풍을 떠는 것이라 추측했다. 한 달 안에 신전을 지었을 리는 만무했기 때문이다.

"공주, 보세요. 이곳이 알라를 모시는 신전입니다."

히와쿤와리는 악바르가 보여 주는 백색 신전을 보며 가볍게 고개를 끄덕였다.

"듣던 대로 웅장하고 아름답군요."

히와쿤와리는 신전을 바라보다가 도도한 목소리로 말했다.

"이제 검은 신전을 보여 주세요."

악바르는 대망의 순간을 기다린 듯 자신만만하게 웃었다.

"검은 신전은 바로 눈앞에 있습니다."

"뭐라고요?"

악바르의 말에 놀란 히와쿤와리는 앞을 보았다. 마법이라도 부린 듯 그곳에는 방금 본 흰 신전과 똑같은 크기, 모양의 검은 신전이 나타났다. 히와쿤와리는 자신의 눈을 믿을 수 없다는 듯 말을 잇지 못했다.

"공주님. 좀 더 가까이 가 보시지요."

공주는 검은 신전으로 바짝 다가갔다.

"아, 이건……."

"공주가 말한 보름달이 차오를 즈음은 아그라에 큰 비가 내릴 때예요. 노빈손이 날씨를 예측하고 한 달 전부터 모두 다 함께 큰 구덩이를 팠어요. 그제부터 내린 비가 이곳에 고였고 달빛이 이 웅덩이에 흰 신

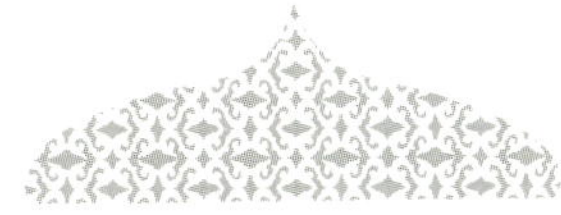

검은 타지마할?

무굴 제국의 5대 황제 샤자한이 자신의 아내를 위해 지은 세계 최대의 무덤 '타지마할'에는 재밌는 전설이 있다. 순백색의 타지마할이 완성된 후 샤자한은 자신이 사후에 안치될 무덤으로 아내의 무덤이 마주 바라보이는 언덕에 타지마할과 똑같은 크기와 모양의 검은색 건물을 짓고자 했다는 것이다. 전설에 따르면 샤자한의 폐위로 공사는 중단되었고 그 언덕 위에는 주춧돌만 남아 있다고 한다. 그러나 역사적인 근거는 없다.

전의 검은 그림자를 만든 거지요."

악바르의 설명에 노빈손은 어깨를 으쓱해 보였다.

잠시 동안 아무 말이 없던 히와쿤와리가 갑자기 자리에 털썩 주저앉아 울음을 터트렸다.

"흑흑흑……."

"공주, 어째서 눈물을 보이십니까?"

악바르는 가만히 공주의 어깨를 감쌌다. 히와쿤와리는 흐느끼며 속마음을 털어 놓았다.

"제가 당신과 결혼하게 되면 저는 저 아름다운 백색 신전을 매일 바라보며 살겠지요. 하지만 이곳에는 제가 믿는 힌두교의 신전은 없습니다. 지금 여기에는 신전과 그림자처럼 이슬람교와 힌두교가 함께 있건만 현실은 그렇지 않습니다. 저 역시 당신을 사랑하지만 평생 이슬람의 신전만을 바라보며 살 수는 없습니다. 그런데도 저를 아내로 맞으시렵니까?"

악바르는 수수께끼 속에 숨겨진 그녀의 깊은 뜻을 깨달았다. 그는 그녀의 손을 잡고 그녀를 일으켰다. 그러고는 그녀와 눈을 바라보며 부드러운 목소리로 말했다.

"물론입니다. 나는 공주가 평생 힌두교를 믿어도 그대를 사랑합니다. 또한 이 왕국에 황후인 그대를 위한 힌두교 사원을

지을 것을 약속합니다."

　히와쿤와리는 악바르의 마음에 감동하여 눈물만 흘릴 뿐이었다.
악바르는 히와쿤와리의 눈물을 닦으며 안아 주었다.

　달빛이 모두가 만든 호수 위로 그림자 신전과 함께 그들의 아름다
운 모습을 비추었다.

마지막 음모

"폐하! 축하드립니다!"

"히와쿤와리 공주님, 행복하세요!"

히와쿤와리와 악바르의 결혼 소식으로 무굴 제국과 암베르 왕국 모두가 떠들썩했다. 결혼식에 참석하기 위해 라지푸타나를 비롯한 각 지역에서 축하 사절들이 아그라로 모여들었다. 모두 즐거움으로 들떠 있을 때 암흑으로 침잠하는 한 사람이 있었으니…….

"모든 게 끝났다고 생각하면 오산이다!"

브라만만이 꽃이 아닌 마음속 칼날을 갈고 있었다.

남편 따라 죽는 풍습, 사티

사티는 남편이 사망하면 그 부인이 남편을 따라 장작불에 몸을 던져 자결하는 풍습이다. 이 풍습은 시바 신의 첫째 부인 사티 여신이 친정아버지가 사위 시바 신을 푸대접하는 것에 분노해 불에 몸을 던져 자결한 데서 유래했다고 한다. 사실 사티는 힌두교의 남존여비 사상으로 생긴 것이다. 사티는 법적으로 금지되었지만 아직도 사티로 죽는 여성이 있다.

이윽고 결혼식 전날 밤.

어둠이 깔린 아그라 궁전의 정원 으슥한 곳에서는 아직 잠들지 않은 두 개의 그림자가 밀담을 나누고 있었다. 그중 하나의 그림자는 섬뜩한 눈빛을 빛내는 브라만이었다. 축하 사절로 아그라에 온 터였다. 마음에 가득 찬 홧병 때문에 눈이 퀭해진 그는 낮은 목소리로 이렇게 물었다.

"모든 일은 잘되고 있겠지?"

"물론입니다. 내일 일을 끝내고 결과를

확인한 뒤 찾아뵙겠습니다. 내일로 무굴 황제는 끝입니다."

확신에 찬 대답을 들은 브라만은 입가에 미소가 번졌다.

'이날을 위해 오래 참아 왔다! 힌두교 공주와 이슬람 황제의 결혼이라고? 가장 경사스러운 날, 브라만이 결혼 선물로 참혹한 죽음을 선사해 주마!'

"헉, 지금 몇 시지?"

뜨거운 햇살에 퍼뜩 눈을 뜬 노빈손은 주위를 두리번거렸다. 창문 바깥으로 보이는 풍경이 이미 아침은 아닌 듯했다.

'이럴 수가!'

노빈손은 허겁지겁 자리에서 일어나 옷을 챙겨 입었다.

"아이고, 역사적인 결혼식 날 늦잠을 자다니!"

노빈손은 방심한 자신을 원망하며 급히 밖으로 나섰다.

"으, 그런데 연회 장소까지 어떻게 가더라? 여긴 너무 넓어!"

아직도 꿈결인 노빈손에게 이 왕궁은 너무도 넓었다.

"길 물어볼 사람이 없나… 어?"

노빈손은 저 멀찍이 걸어가는 누군가를

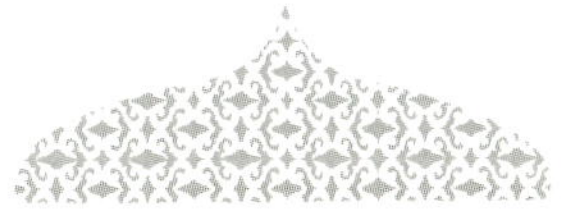

인도의 혼인과 라지푸트 혼인

인도의 결혼식은 신부의 집에서 열리며 신랑은 말이나 코끼리를 타고 신부의 집으로 온다. 결혼식에 신부는 화려한 색의 사리를 입고 팔에는 두꺼운 금으로 된 팔찌를 끼고 손등에는 화려한 문신을 한다. 신부는 눈에 보이는 모든 부분에 장신구를 착용한다. 또, 라지푸트족의 결혼식에서는 독특한 풍경을 볼 수 있는데 라지푸트족은 전사 민족답게 결혼식 내내 신랑이 검을 차고 있다.

발견하고는 걸음을 빨리했다. 좀 더 다가가니 라지푸트족의 전통 복장을 한 남자가 보였다.

"라지푸타나에서 초대받은 사람이라면 분명 결혼식 하객이겠지. 저 사람만 따라가면 되겠구나!"

노빈손은 남자를 좇아갔다. 그러나 남자는 무엇에 정신을 빼앗겼는지 노빈손이 뒤따라오는지도 모른 채 급히 어딘가로 발걸음을 옮겼다. 노빈손은 남자를 한참이나 뒤따르다가 멈춰 섰다.

"근데 가면 갈수록 연회장이 나오기는 커녕 음악 소리 하나 들리지 않는데……. 정말 연회장에 가는 거 맞나?"

바로 그때, 앞서 가던 남자가 갑자기 몸을 돌려 으슥한 나무 숲으로 모습을 숨겼다. 망설이던 노빈손은 계속 남자를 따라갔다.

"지름길인가?"

노빈손은 콧등을 찌푸리며 수풀을 헤치고 나갔다. 노빈손 눈에 앞서던 남자와 다른 사람이 서 있는 모습이 들어왔다. 노빈손은 낮게 몸을 숙이고 그들의 대화를 엿들었다.

"계획대로 했습니다. 오늘 연회에서 황제가 마실 음료에 독을 탔습니다. 라지푸타나 뱀에게서 뽑아 낸 맹독이므로 몸에 닿기만 해도 살아남기 어려울 것입니다."

천의무봉! 인도의 옷

고사성어 중에 '천의무봉'이라는 말이 있다. 천의무봉은 '천상의 옷에는 바느질 자국이 없다는 뜻'인데, 인도인들 역시 이와 비슷한 의식을 가지고 있다. 인도에서는 바느질하지 않은 옷을 정결한 옷으로 간주하고 바느질한 옷을 불결한 옷으로 간주한다. 그래서 여성들은 바느질하지 않은 옷인 사리를 입고, 남성들은 도티를 입는다. 사리와 도티는 모두 '바느질하지 않은 한 장의 천'을 둘러 입는 형태의 의복이다.

"크하핫! 그 이슬람 놈이 알라 품에 안겨 모두가 보는 앞에서 죽겠구나! 잊지 못할 결혼식이 될 거야! 나에게도 그쪽에게도! 으하하!"

'으아! 세상에!'

노빈손은 너무 놀라 얼굴이 새하얗게 질렸다. 그 웃음의 주인은 바로 브라만이었다.

'저 남자의 목소리! 그때 똥 누던 나를 모래 사막에 던졌던 바로 그 목소리잖아! 날 죽이라고 시킨 것도 바로 브라만이었어! 신의 사제라더니 저렇게 타락할 수가!'

브라만의 모든 음모를 눈치 챈 노빈손은 자리에서 일어나 전속력으로 뛰었다.

"분명, 악바르가 알라 품에서 죽는다고 했지? 그렇다면 연회 장소는 신전이야. 폐하! 제가 갈 때까지 꼭 살아 계셔야 해요! 꼭! 꼭!"

노빈손은 신전 연회장에 도착하자마자 숨 돌릴 새도 없이 악바르를 찾았다. 새신랑의 자태를 뽐내며 점잖게 앉아 있는 악바르가 저 멀리 보였다. 노빈손은 안도의 한숨을 내쉬었다.

"아직 무사하셔! 빨리 폐하께 음모를 알려야 해!"

노빈손은 악바르에게 달려갔지만 연회장은 수많은 사람들로 꽉 채워져 발 디딜 틈이 없었다. 노빈손은 힘겹게 인파들을 헤치며 애절한 목소리로 악바르를 불렀다.

"폐하! 악바르 폐하!"

하지만 사람들의 웅성거림과 음악 소리에 묻혀 노빈손의 목소리는 공허한 메아리가 되어 공중에 산산이 흩어졌다.

바로 그때,

'헉! 안 돼!'

한 시녀가 커다란 금항아리를 이고 악바르의 근처로 다가갔다. 저 항아리 안에 든 건 분명 독이 든 물일 터였다. 노빈손은 독살을 막기 위해 있는 힘껏 몸을 날렸다.

"폐하! 그걸 드시면 안 돼요!"

"어멋! 으아악!"

갑작스런 노빈손의 등장에 놀란 시녀는 들고 있던 물동이를 엎었고 물은 노빈손의 몸에 전부 쏟아졌다.

"까아아아!"

"노빈손, 자네 괜찮나?"

연회장은 아수라장이 되었고 신랑과 신부는 노빈손에게 달려왔다. 독물을 온몸에 뒤집어쓴 노빈손은 그 충격으로 서서히 정신을 잃었다.

"라지푸타나 뱀의 맹독인데…… 온몸에 닿았으니 난 이제 죽겠구나. 말숙아."

그러고는 곧 정신을 잃어버렸다.

인도인은 금을 좋아해!

인도는 세계 최고의 금 소비국이다. 결혼식이 몰려 있는 9~11월에 한 해의 금 소비 80%가 소비된다. 인도의 수많은 신화에도 금 이야기들이 많이 등장한다. 인도인은 금을 종교적으로 신성하게 여길 뿐 아니라, 금에 특별한 치료 효과가 있다고 믿는다. 화장품도 금가루를 넣은 것이 인기가 많다. 현재까지 인류가 캐낸 금의 8% 정도를 인도인이 소유하고 있다.

1. 야욕을 드러낸 영국

영국은 17세기 초 무굴 제국의 5대 황제 샤자한의 허락을 받고 뭄바이와 콜카타에 무역을 담당하는 '영국 동인도 회사'를 세워. 처음에 영국 동인도 회사는 "우리의 목적은 전쟁이 아닌 무역이다"라고 강조하며 전쟁보다는 무역을 통해 돈을 벌려는 듯 보였지. 하지만 융성했던 무굴 제국이 18세기에 들어서 쇠퇴하고 정세가 혼란해지자, 영국은 인도 땅을 삼키려는 야욕을 품게 돼.

영국 동인도 회사가 진출한 콜카타의 무역항

1757년 영국은 인도의 무역을 독점하기 위해 인도 벵골 지방에서 벌인 플라시 전투로 프랑스 세력을 몰아내고 인도 전역을 손아귀에 넣지. 동인도 회사는 이때부터 인도 정치도 주무르면서 경제 약탈을 일삼아.

인도에서 영국의 세력을 확대하기 위해 군대가 필요했던 영국은 인도인을 병사로 고용했는데 이들이 바로 '세포이'야. 세포이들은 인도 내에 있는 영국군의 80% 이상을 차지했지. 하지만 영국군은 인도인을 야만인으로 보고 그들이 믿는 종교를 미신 취급했어.

세포이들의 불만은 나날이 커졌고 '엔필드 탄약통' 사건을 계기로 폭발했어. 영국군이 세포이들에게 지급한 엔필드 소총은 총알을 장전하기 전에 탄약통 끝을 입으로 비틀어서 열어야 하는 구조를 가지고 있었어. 그런데 영국군이 고의적으로 힌두교도 세포이의 탄약 뚜껑에는 소 기름을, 이슬

람교도 세포이의 탄약 뚜껑에는 돼지 기름을 발랐다는 소문이 퍼졌어. 세포이들은 종교에 대한 모독이라며 극렬하게 항의했지만 인도인들의 문화를 이해하지 못했던 영국은 대수롭지 않게 생각했지. 1857년 마침내 세포이들은 영국군 장교를 죽인 후 봉기했어.

세포이들은 인도의 북부를 순식간에 점령했고, 델리마저 차지했지. 하지만 항쟁이 길어지자 뚜렷한 구심점이나 치밀한 계획이 없던 세포이 항쟁은 갈피를 잡지 못하고 분열되기 시작했어. 결국 1858년에는 되찾았던 모든 땅을 영국에 빼앗기지.

그 뒤 1859년, 영국은 동인도 회사를 폐지하고 빅토리아 여왕이 인도 황제를 겸해 인도를 직접 다스리기로 했어. 이로써 무굴 제국은 완전히 멸망하고 인도는 영국의 완전한 식민지가 됐지.

3. 영국의 식민지 정책과 인도의 저항

세포이 항쟁 이후 영국 정부는 영국과 친한 힌두교 지식인들로 '인도 국민 회의'를 결성했어. 인도 사람들이 영국의 정책에 반대하지 않게 설득하기 위한 목적이었지. 또 영국은 힌두교와 이슬람교 사이를 이간질하는 '분할 정책'을 펼쳤는데 1905년에 민족 운동과 반영국 운동이 활발한 벵골주를 서쪽의 힌두교 지역과 동쪽의 이슬람 지역으로 나누겠다는 '벵골 분할령'을 내리기도 했어. 그러자 인도 국민 회의가 영국에게서 돌아서서 대대적

인 저항 운동을 일으켰고 영국 정부는 결국 '벵골 분할령'을 철폐할 수밖에 없었지.

그 뒤 1차 세계대전이 일어나자 영국은 인도가 전쟁에 참여하면 독립시켜 주겠다고 약속했지만 지키지 않았어. 심지어 인도인의 반발을 누르기 위해 '집회금지법'을 만들지. 그러자 1919년 암리차르에서 '집회금지법'에 대항하는 비폭력 시위가 벌어져.

암리차르 학살 사건

1차 세계대전 뒤, 인도에서는 독립을 위한 비폭력 저항 운동이 전국적으로 전개되었어. 1919년 4월 13일에는 암리차르 자리안왈라바그 광장에서 영국의 인도 탄압에 반대하는 집회를 열었어. 영국이 무방비의 군중에게 무기를 발포했고, 그 과정에서 약 400명이 죽었고 약 1,000명이 부상당했지. 영국은 이 끔찍한 사건을 무려 4개월 동안이나 은폐했지만, 이듬해에 인도인들에게 이 사건이 알려졌어. 이 '암리차르 학살 사건'은 영국이 인도를 식민 지배하면서 저지른 사건 중에 가장 끔찍한 것으로 손꼽혀.

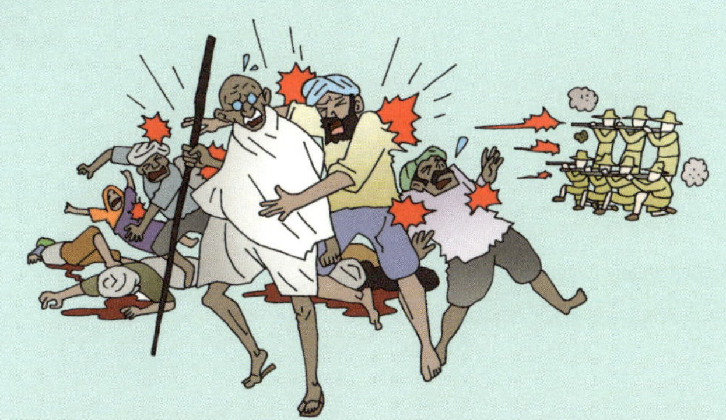

영국에 대한 저항 운동의 중심에는 정치 지도자 간디가 있었어. 간디는 민족주의와 비폭력 무저항 운동을 내세우며 인도인들에게 애국심을 불러일으켰어. 영국 제품 불매 운동을 펼치며 물레 돌리기, 소금 만들기 등을 통해 필요한 제품을 인도인이 직접 만들어 쓰자고 했지. 당시 영국은 인도에서 난 원료로 만든 제품들을 비싼 값으로 인도에 다시 팔고 있었거든.

저항 운동은 2차 세계대전 이후에도 계속되었고 인도는 마침내 1947년 독립을 이루어 내.

하지만 오랜 세월 영국에게 분할 정책을 당하면서 힌두교와 이슬람교 사이의 골은 깊어질 대로 깊어져 있었어. 그래서 결국 인도(힌두교)와 파키스탄(이슬람교)의 두 나라로 분리되고 말았지.

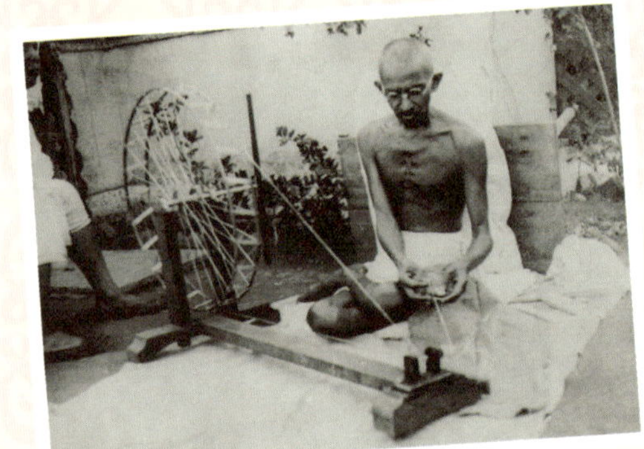

물레를 돌리고 있는 간디

영국에서 독립한 인도는 정치에 민주주의를 도입하고 적극적인 경제 개방

을 실시하여 국민 소득 증가를 이루어 냈어. 특히 인도는 IT 산업의 강국으로 세계 2위의 소프트웨어 수출국이야.

또한 인도는 관광 대국 중에 하나이기도 해. 관광 산업으로 인해 인도 안에서 2만 명 이상의 일자리가 창출되었고, 세계 관광 시장의 0.4%를 인도가 차지하고 있단다.

지금은 중국에 이어 인도가 2위의 인구 대국이지만 몇 년 후에는 인도의 인구수가 중국을 추월할 거라는 예상이 많아. 세계의 기업들이 넓은 땅과 노동력이 풍부한 인도로 몰려들고 있지.

인도의 실리콘밸리라 불리는 도시 방갈로르

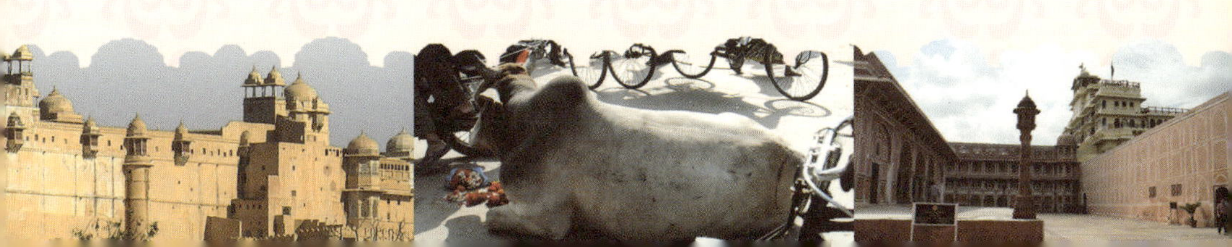

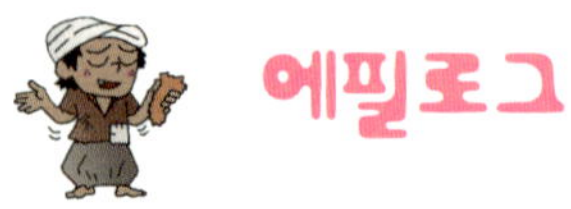

에필로그

"노빈손! 노빈손!"

"아니, 정신을 차렸나? 몸은 괜찮은가?"

걱정스러운 표정으로 자신을 보고 있는 악바르와 아불파즐 그리고 히와쿤와리의 모습이 보였다. 노빈손은 얼떨떨한 표정으로 주위를 두리번거렸다.

"폐하와 공주님, 아불파즐까지. 이승에서 마지막 인사인가……."

악바르는 미소를 지으며 노빈손의 어깨를 가볍게 두드린 뒤 이렇게 명했다.

"여봐라, 노빈손 앞에 죄인을 끌고 오너라."

병사들의 손에 온몸이 포박된 채 끌려 들어오는 사람은 이 모든 사건의 원흉, 브라만이었다.

"헉, 브라만? 폐하, 이게 어찌된 일인지요?"

"나는 결혼식 이른 아침에 암살 음모를 알았지. 그래서 자네 몸에 쏟아진 물은 내가 이미 바꿔치기해 둔 것이었어. 독은 없었으니 안심해."

무서운, 그러나 신성한 뱀 코브라

인도에서는 연간 5만 명 이상이 코브라에 물려 죽는다. 코브라의 독에 노출될 경우 거대한 코끼리도 3시간 안에 목숨을 잃고 인간은 15분 안에 사망한다. 하지만 인도 사회에서 코브라는 숭배의 대상이기도 하다. 힌두교 신화에서도 뱀은 수호신의 역할을 한다. 남인도 지방에서는 '뱀신'에 대한 숭배 의식이 있다.

192

노빈손은 가슴을 쓸어 내렸다. 하지만 여전히 풀리지 않는 의문이 있었다.

"어떻게 미리 음모를 아신 거죠? 설마 독심술이라도 익히신 건가요?"

그 물음에 악바르는 유쾌하게 웃으며 앞에 있는 새장을 가리켰다.

"바로 이 녀석들이 알려줬지!"

"아!"

그곳에는 악바르가 극진히 아끼는 앵무새 두 마리가 있었다. 앵무새들은 노빈손을 보자마자 즐거운 듯이 조잘댔다.

"노빈손은 대머리! 노빈손은 대머리!"

"으으. 이 녀석들이!"

"하하. 이 녀석들은 한 번 들은 건 잊어버리지 않거든. 결혼식장으로 가기 전 마지막으로 정원을 산책하고 있자니 이 녀석들이 음료니 독이니 하며 모든 것을 말해 주더군. 자네의 충정은 알고 있었지만 더욱 감동했네."

악바르는 노빈손의 손을 꼭 잡았다.

"그럼, 우리와 함께 백성들을 보러 갈까? 결혼식도 무사히 마쳤으니 이제 이슬람교와 힌두교의 화합의 시대가 왔음을 널리 알려야지."

악바르와 히와쿤와리의 아들 '자한기르'

자한기르는 악바르와 히와쿤와리 사이에서 태어난 아들이다. 자한기르는 '세계의 정복자'라는 뜻이다. 그는 아버지인 악바르처럼 모든 종교에 대하여 관대한 정책을 펼쳤으며 또 예술을 보호하여 문화의 꽃을 피웠다. 그러나 말년에는 왕비가 권력을 마음대로 휘두르는 것을 허용하고 아들들이 왕위 다툼을 벌이는 등 불행했다.

　히와쿤와리와 악바르, 아불파즐 그리고 노빈손이 발코니에 서자 수많은 백성들이 그들을 올려다보며 뜨거운 환호를 보냈다.

　"오늘은 무굴 제국의 역사상 가장 경사스러운 날입니다. 오늘 나는 라지푸타나의 공주 히와쿤와리와 부부의 연을 맺음으로써 더 이상 힌두교와 이슬람의 다툼은 없을 것이라고 온 세상에 전하고자 합니다. 이제 이 무굴 제국에서 힌두교와 이슬람은 가장 친한 친구가 될 것입니다. 그리고……."

　악바르는 거기까지 말을 마친 후, 히와쿤와리와 노빈손을 번갈아

바라보고는 얼굴에 함박웃음을 지으며 말을 이었다.

"내 충직한 친구와 사랑스러운 아내가 가르쳐 준 것들을 하나씩 해 나갈 것입니다. 이제 이 나라에서 힌두스탄에게만 적용되던 성지 순례세는 폐지될 것이며, 이슬람교도와 힌두교도를 구별하지 않고 유능한 인재들을 등용할 것입니다! 또 다른 모든 종교들에게도 관용을 베풀 생각입니다."

황제의 대국민 담화도 놀라운 일이었지만 황제가 약속한 정책들도 무척이나 파격적이었다. 그곳에 모여든 사람들이 모두가 황제의 앞날을 축하했다.

"악바르 폐하 만세!"

"히와쿤와리 황후 만세!"

마지막으로 궁중 시인 타오르리가 축사를 읊었다.

힌두교와 이슬람교가 하나가 되는 새로운 무굴 제국 탄생의 순간 노빈손도 사람들과 함께 큰 소리로 외쳤다.

"악바르 대제 만세! 사랑과 평화의 인도 만세!"

●● 참고 문헌 ●●

책

한 권으로 만나는 인도 이병욱, 너울북
인도에 미치다 이옥순, 김영사
인도사 108장면 박금표, 민족사
인도사 정병조, 대한교과서
이야기 인도사 김형준, 청아출판사
비르발의 지혜문답 이균형 편, 정신세계사
프렌즈 인도 네팔 전명 ·김영남· 주종원, 중앙북스
신화의 강 갠지스 베이징대륙교문화미디어 편, 산수야
무굴제국: 인도이슬람왕조 발레리 베린스탱, 시공사
매일매일 두뇌트레이닝 인도 베다수학 손호성, 아르고나인
기탄잘리 라빈드라나트 타고르, 민음사
꿩먹고 알먹는 힌디어 첫걸음 서행정, 문예림

인터넷 참고 페이지

네이버 캐스트_인물세계사 악바르 대제편 글 표정훈
네이버 캐스트_전쟁사 무굴제국 건국전쟁 1, 2 글 김성남
네이버여행 윙버스 wingbus.naver.com
인도소풍_인도백과사전 indiadream.net
레디프닷컴 rediff.com
위키피디아, 네이버 백과사전

본문 사진 제공

윤성근, 최영민, 최민희, 최혜기